Impressum
Verlag: BABADADA GmbH, Nedderfeld 112 , 22529 Hamburg
Geschäftsführer / Verlagsleitung: Harald Hof
Druck: Books on Demand GmbH, In de Tarpen 42, 22848 Norderstedt

Imprint
Publisher: BABADADA GmbH, Nedderfeld 112 , 22529 Hamburg, Germany
Managing Director / Publishing direction: Harald Hof
Print: Books on Demand GmbH, In de Tarpen 42, 22848 Norderstedt, Germany

ysgol
សាលារៀន

ystafell ddosbarth
បន្ទប់រៀន

rhannu
ចែក

186/2

bwrdd
ក្តារ

iard ysgol
ទីធ្លាសាលារៀន

athro
គ្រូបង្រៀន

papur
ក្រដាស

ysgrifennu
សរសេរ

pen
ប៊ិក

desg
តុការិយាល័យ

pren mesur
បន្ទាត់

llyfr
សៀវភៅ

disgybl
កូនសិស្ស

bag ysgol

សម្ភារៀតសុបកៃ

blwch penseli

ប្រអប់ដាក់ខ្មៅដៃ

pensil

ខ្មៅដៃ

peth rhoi min ar bensil

ប្រដាប់ខ្ពងខ្មៅដៃ

rwber

ជ័រលុប

pad arlunio

ផ្ទាំងគំនូរ

llun

តំនូរ

brws paent

ជក់គូរ

blwch paent

ប្អអេប់ថ្នាំលាប

siswrn

កន្ត្រៃ

glud

ការបិទ

llyfr ysgrifennu

សៀវភៅលំហាត់

gwaith cartref

កិច្ចការផ្ទះ

rhif

លេខ

ychwanegu

បូក

tynnu

ដក

lluosi

គុណ

cyfrifo

គណនា

llythyren

លិខិត

gwyddor

អក្ខរក្រម

gair

ពាក្យ

testun
អត្ថបទ

darllen
អាន

sialc
ដីស

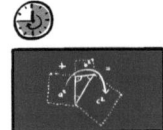

gwers
មេរៀន

cofrestr
ចុះឈ្មោះ

arholiad
ការប្រលង

tystysgrif
វិញ្ញាបនបត្រ

gwisg ysgol
ឯកសណ្ឋានសាលា

addysg
ការអប់រំ

gwyddoniadur
សព្វវចនាធិប្បាយ

prifysgol
សាកលវិទ្យាល័យ

microsgop
មីក្រូទស្សន៍

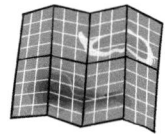

map
ផែនទី

basged papur gwastraff
កន្ត្រករដាក់សំរាមក្រដាស

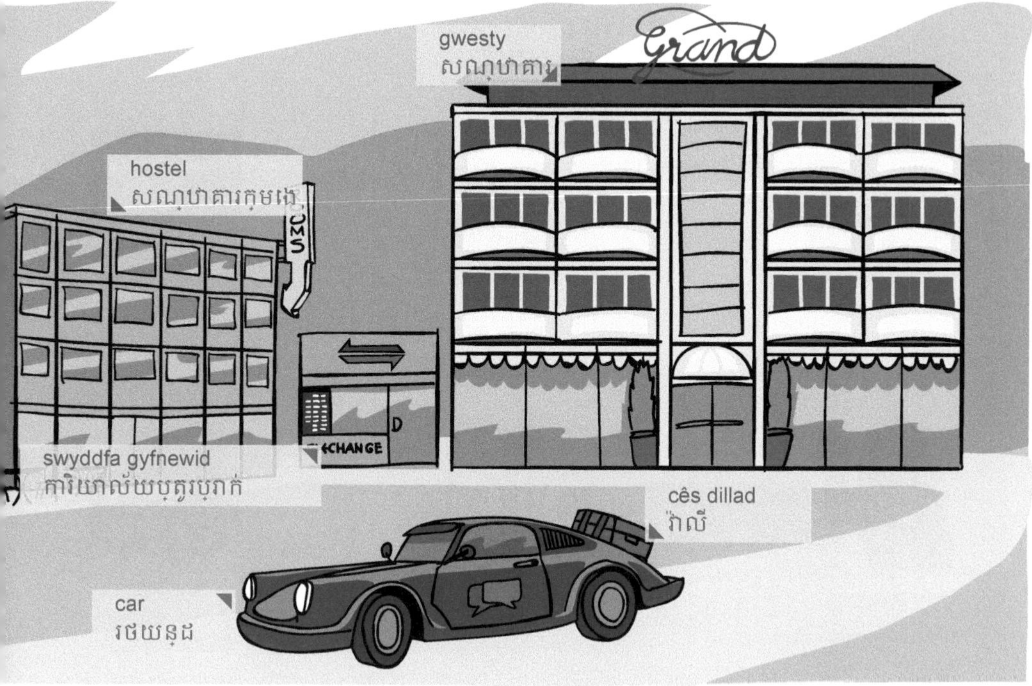

gwesty
សណ្ឋាគារ
Grand
hostel
សណ្ឋាគារក្មេង
swyddfa gyfnewid
ការិយាល័យប្តូរប្រាក់
cês dillad
វ៉ាលី
car
រថយន្ត

iaith

ភាសា

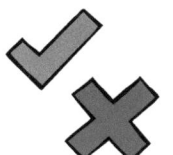

ie / na

បាទ / ទេ

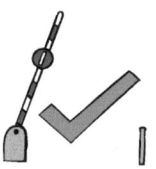

iawn

យល់ព្រម

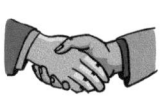

helo

សាយ័ន្តសួស្តី!

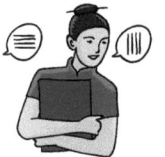

cyfieithydd

អ្នកបកប្រែ

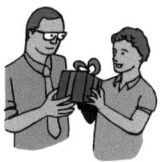

Diolch yn fawr

សូមអរគុណ

faint yw ...?

ចូលប៉ុន្មាន... ?

Dw i ddim yn deall

ខ្ញុំមិនយល់

problem

បញ្ហា

Noswaith dda!

ទិវាសួស្តី!

Bore da!

អរុណសួស្តី

Nos da!

រាត្រីសួស្តី!

hwyl

លាហើយ

cyfarwyddyd

ទិសដៅ

bagiau

អីវ៉ាន់

bag

កាបូប

gwarbac

កាបូបស្ពាយក្រោយ

gwestai

ភ្ញៀវ

ystafell

បន្ទប់

sach gysgu

ថង់ដេក

pabell

តង់

teithio - ការធ្វើដំណើរ

gwybodaeth i ymwelwyr

ព័ត៌មានទេសចរណ៍

traeth

ឆ្នេរ

cerdyn credyd

កាតឥណទាន

brecwast

អាហារពេលព្រឹក

cinio

អាហារថ្ងៃត្រង់

swper

អាហារពេលល្ងាច

tocyn

សំបុត្រ

lifft

ជណ្ដើរយន្ដ

stamp

តម្រា

ffin

ព្រំដែន

tollau

គយ

llysgenhadaeth

ស្ថានទូត

fisa

ទិដ្ឋាការ

pasbort

លិខិតឆ្លងដែន

cludiant
ការដឹកជញ្ជូន

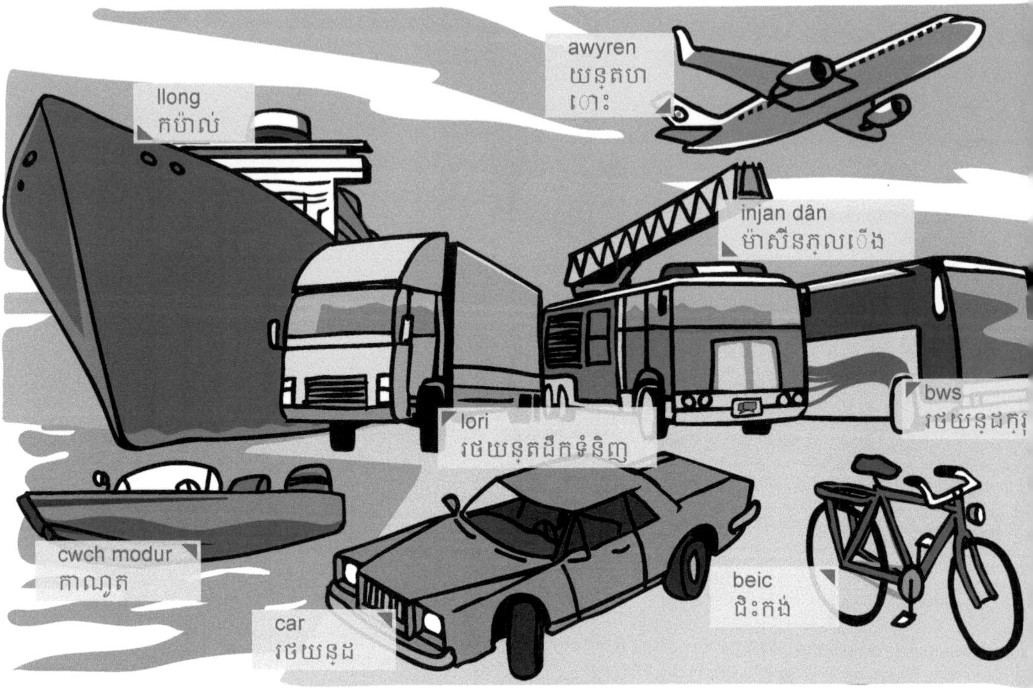
awyren
យន្តហោះ
llong
កប៉ាល់
injan dân
ម៉ាសីនភ្លើង
bws
រថយន្តដក
lori
រថយន្តដឹកទំនិញ
cwch modur
កាណូត
beic
ជិះកង់
car
រថយន្ត

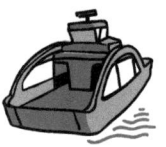

fferi
សាឡាង

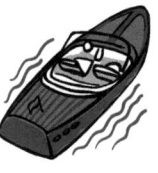

cwch
ទូក

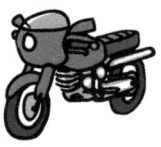

beic modur
ម៉ូតូ

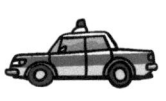

car yr heddlu
រថយន្តប៉ូលិស

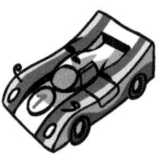

car rasio
រថយន្តប្រណាំង

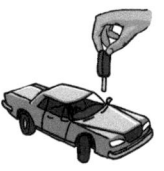

car wedi'i rentu
រថយន្តជួល

rhannu car
ការកែរវែលកែរថយន្ត

lori tynnu
ឡានសុទូច

lori ysbwriel
ឡានបុរម្មលសំរាម

modur
ម៉ូតូ

tanwydd
បុរេងឥន្ធន:

gorsaf betrol
សុថានីយបុរេង

arwydd traffig
លោកសញ្ញាចរាចរណ៍

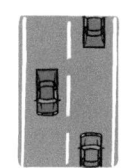

traffig
ការធុរវេីចរាចរណ៍

tagfa draffig
កកស្ទះចរាចរណ៍

maes parcio
ចំណត

gorsaf drennau
សុថានីយរថភ្លើង

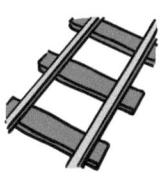

traciau
ផ្លួវដែក

trên
រថភ្លើង

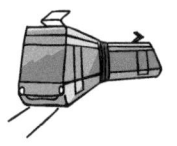

tram
រថអគ្គីសនី

wagen
ទូររថភ្លើង

hofrennydd

ឧទ្ធម្ភាគចក្រ

maes awyr

ពរលានយន្តហោះ

twˆr

ប៉ម

teithiwr

អ្នកដំណើរ

cynhwysydd

កុងតឺន័រ

paced

កូរដាសកាតុង

cert

រទេះ

basged

កញ្ចប់

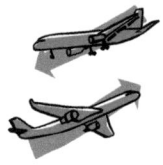

esgyn / glanio

ហោះឡ្បើង / ចុះ

dinas

ទីក្រុង

pentref

ភូមិ

canol y ddinas

កណ្ដាលទីក្រុង

tŷ

ផ្ទះ

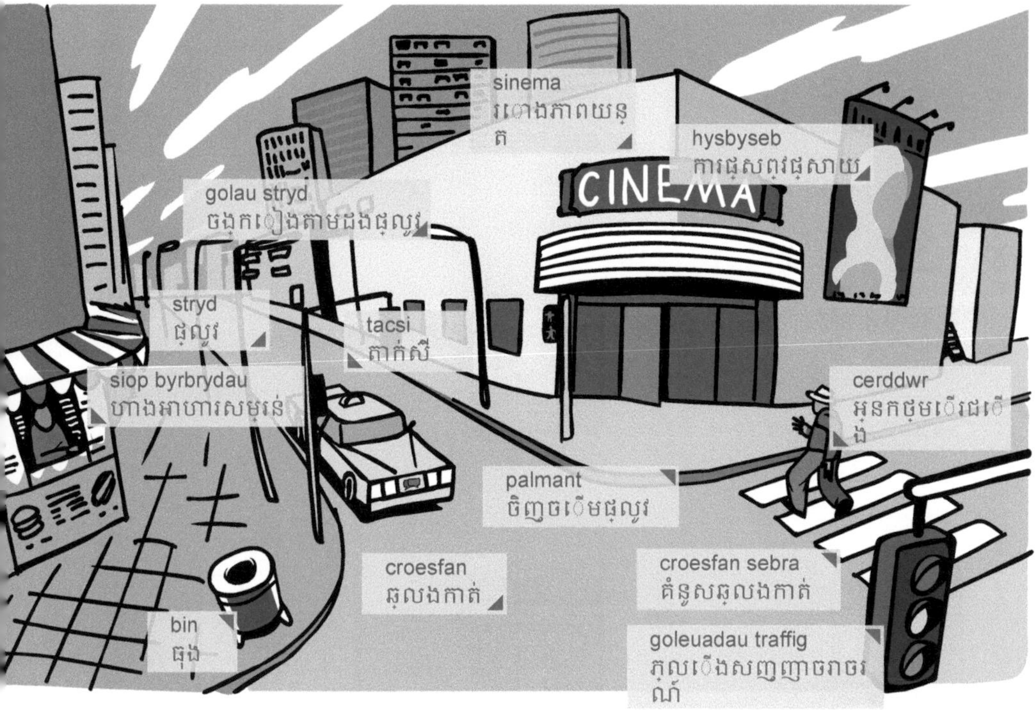
sinema
រោងភាពយន្ត
hysbyseb
ការផ្សព្វផ្សាយ
CINEMA
golau stryd
ចង្កៀងតាមដងផ្លូវ
stryd
ផ្លូវ
tacsi
តាក់ស៊ី
siop byrbrydau
ហាងអាហារសម្រន់
cerddwr
អ្នកថ្មើរជើង
palmant
ចិញ្ចើមផ្លូវ
croesfan
ឆ្លងកាត់
croesfan sebra
គំនូសឆ្លងកាត់
bin
ធុង
goleuadau traffig
ភ្លើងសញ្ញាចរាចរណ៍

cwt

ខ្ទម

fflat

ផ្ទះល្វែង

gorsaf drennau

ស្ថានីយរថភ្លើង

neuadd y dref

សាលាក្រុង

MUSEUM

amgueddfa

សារមន្ទីរ

ysgol

សាលារៀន

prifysgol

សាកលវិទ្យាល័យ

banc

ធនាគារ

ysbyty

មន្ទីរពេទ្យ

gwesty

សណ្ឋាគារ

fferyllfa

ឱសថស្ថាន

swyddfa

ការិយាល័យ

siop lyfrau

ហាងលក់សៀវភៅ

siop

ហាង

siop flodau

ហាងផ្កា

archfarchnad

ផ្សារទំនើប

farchnad

ទីផ្សារ

siop adrannol

ហាងទំនិញ

siop bysgod

ហាងលក់ត្រី

canolfan siopa

មជ្ឈមណ្ឌលផ្សារទំនើប

harbwr

កំពង់ផែ

parc

ឧទ្យាន

banc

បង្គ

pont

ស្ពាន

grisiau

ជណ្ដើរថ្ងៃ

rheilffordd danddaearol

ផ្លូវរថក្រោមដី

twnnel

ផ្លូវរូងក្រោមដី

safle bws

ចំណតរថយន្តក្រុង

bar

បារ

bwyty

ភោជនីយដ្ឋាន

blwch post

ប្រអប់សំបុត្រ

arwydd stryd

សញ្ញាតាមដងផ្លូវ

mesurydd parcio

ឧបករណ៍បូម្មលចូលថៃចំណត

sŵ

សួនសត្វ

pwll nofio

អាងហាលែទឹក

mosg

វិហារអ៊ីស្លាម

fferm
កសិដ្ឋាន

llygredd
ការបំពុល

mynwent
វាលកប់ខ្មោច

eglwys
ព្រះវិហារ

maes chwarae
គូរលេៀងរំអិលកុមមេងលេង

teml
បុរាសាទ

---

tirwedd

ទេសភាព

deilen
ស្លឹក

arwydd cyfeirio
សញ្ញាបង្ហាប់ទិសដៅទៅ

ffordd
ផ្លូវ

dôl
វាលស្មៅ
ទៅ

carreg
ដុំថ្ម

coeden
ដើមឈើ
ឈើ

heiciwr
អ្នកឡៃឡេីងភ្នំ

afon
ទន្លេ

glaswellt
ស្មៅទៅ

blodyn
ផ្កា

cwm

ជ្រលងភ្នំ

bryn

កូនភ្នំ

llyn

បឹង

coedwig

ព្រៃឈើ

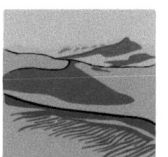

anialwch

វាលខ្សាច់

llosgfynydd

ភ្នំភ្លើង

castell

គគោកុរប៉ី

enfys

ឥន្ទធនូ

madarchen

ផ្សិត

palmwydden

ដើមត្នោត

mosgito

មូស

pryf

រុយ

morgrugyn

ស្រមោច

gwenyn

សត្វឃ្មុំ

pryf copyn

ពីងពាង

chwilen

សត្វកញ្ចៃ

llyffant

កង្កែប

gwiwer

កំប្រុក

draenog

សត្វកាំប្រមា

ysgyfarnog

ទន្សាយសុលីក

tylluan

សត្វទីទុយ

aderyn

បក្សី

alarch

ហង្ស

baedd

ជ្រូក

carw

សត្វក្តាន់

elc

សត្វក្តាន់

argae

ទំនប់

tyrbin gwynt

កង្ហារខ្យល់

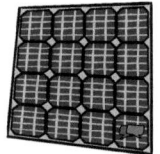

panel haul

បន្ទះស្ងួឡ្យា

hinsawdd

អាកាសធាតុ

bwyty
ភោជនីយដ្ឋាន

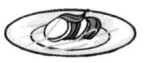

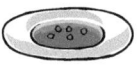

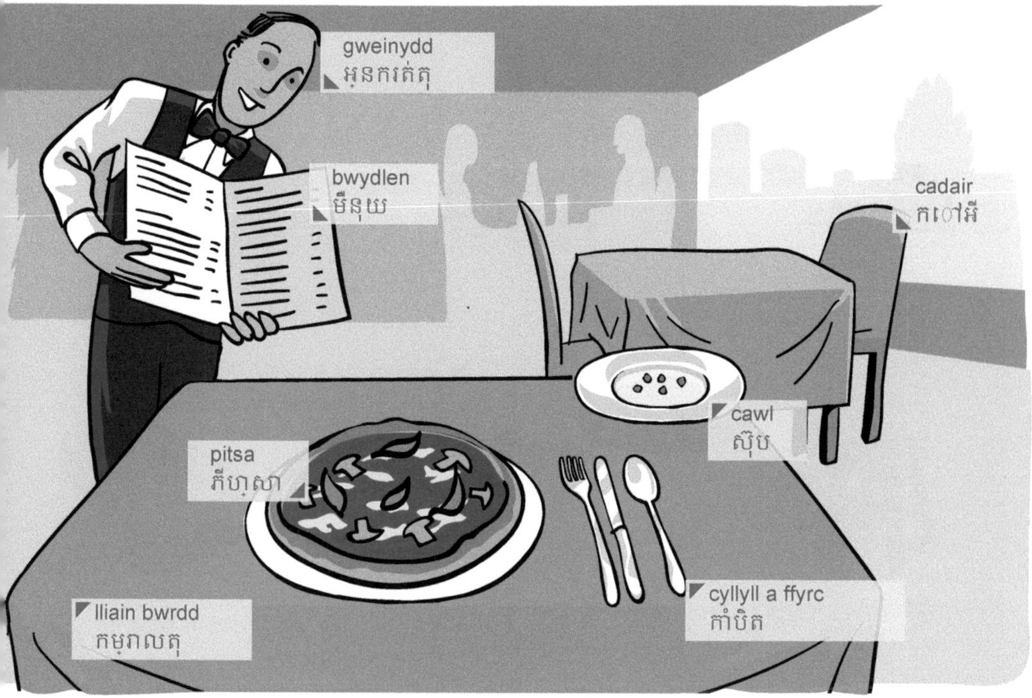
gweinydd
អ្នករត់តុ
bwydlen
មីនុយ
cadair
កៅអី
cawl
ស៊ុប
pitsa
ភីហ្សា
lliain bwrdd
កម្រាលតុ
cyllyll a ffyrc
កាំបិត

cwrs cyntaf

អាហារសម្រន់

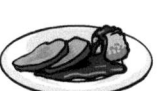

prif gwrs

អាហារសំខាន់

pwdin

បង្អែម

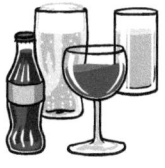

diodydd

ភេសជ្ជៈ

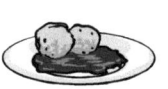

bwyd

អាហារ

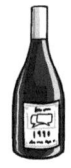

potel

ដប

bwyd cyflym

អាហារបហ័ស

bwyd y stryd

អាហារតាមផ្លូវ

tebot

ប៉ាន់តែ

powlen siwgr

ប៊ូរអប់ស្ករ

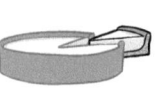

dogn

ចំណិតែ

peiriant espresso

ម៉ាស៊ីនតុងកាហ្វេអេឹចស្ព្រេ
ស្ស

cadair plentyn

កៅអីខ្ពស់

bil

វិក្កយបត្រ

hambwrdd

ថាស

cyllell

កាំបិត

fforc

សម

llwy

ស្លាបព្រា

llwy de

ស្លាបព្រាកាហ្វេ

napcyn

កន្សែងជូតខ្លួន

gwydr

កវែ

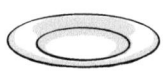

plât

ចានទាប

plât cawl

ចានស៊ុប

soser

ចានទួរនាប់

saws

ទឹកជ្រលក់

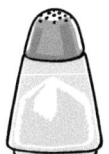

pot halen

ដបអំបិល

melin bupur

ប៉ុរដាប់កិនម្រេច

finegr

ទឹកខ្មេះ

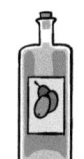

olew

ប្រេង

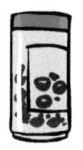

sbeisys

គ្រឿងទេស

saws coch

ទឹកប៉េងប៉ោះ

mwstard

ម៉ូតាក

mayonnaise

ទឹកម៉ៃយ៉ូណាឡ

archfarchnad
ផ្សារទំនើប

cynnig arbennig
ការផ្តល់ជូនពិសេស
FOR
cwsmer
អតិថិជន
cynnyrch llaeth
ទឹកដោះគោ
ffrwythau
ផ្លែឈើ
troli
រទេះរុញ

BUTCHERS

siop gig
ហាងកាប់ជ្រូក

BAKERY

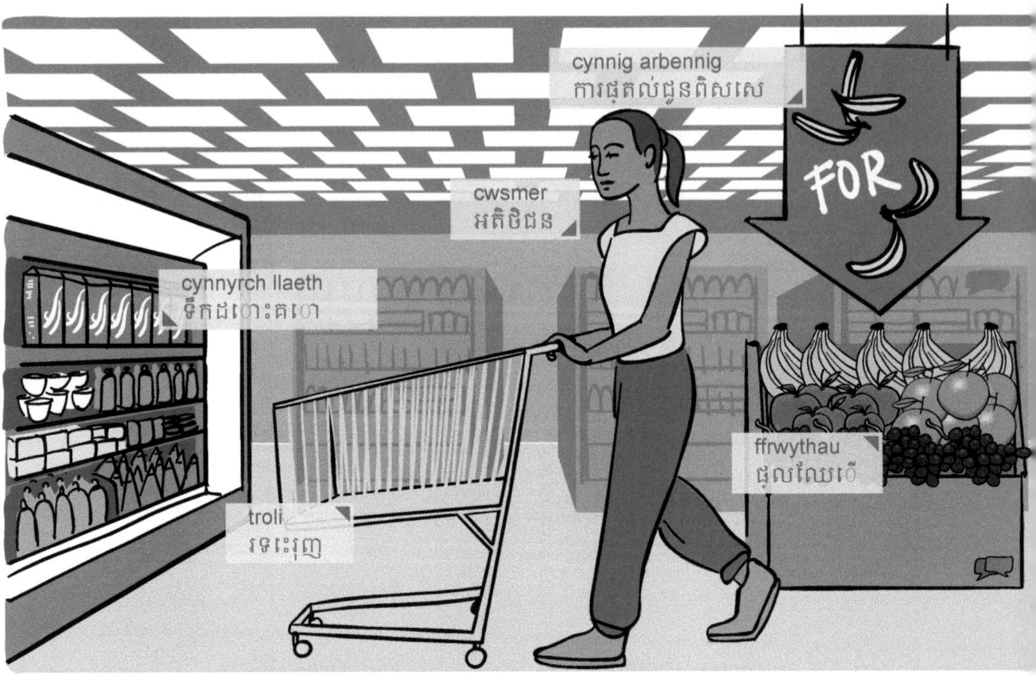

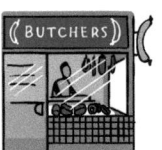

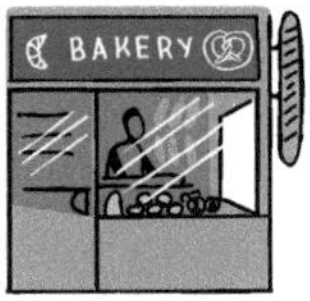

siop fara
ហាងដុតនំ

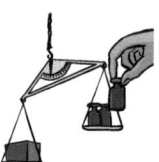

pwyso
ថ្លឹង

llysiau
បន្លែ

cig
សាច់

Bwyd wedi'i rewi
អាហារក្លាស្សេ

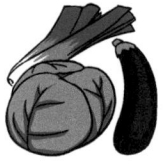

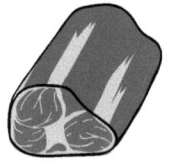

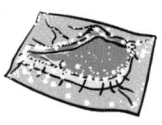

cig oer

សាច់កូឡាសរ

bwyd tun

អាហារកំប៉ុង

powdr golchi

ម្សៅបោកលាង

da-da

សុអរគ្រាប់

cynnyrch cartref

ផលិតផលក្នុងគ្រួសារ

cynhyrchion glanhau

ផលិតផលសម្អាត

gwerthwraig

អ្នកលក់

til

ថតដាក់លុយ

ariannwr

បង្កា

rhestr siopa

បញ្ជីទិញទំនិញ

oriau agor

ម៉ោងធ្វើការ

waled

កាបូបលុយបុរស

cerdyn credyd

កាតឥណទាន

bag

ថង់

bag plastig

ថង់ប្លាស្ទិច

dwr

ទឹក

sudd

ទឹកផ្លែឈើរៃ

llefrith

ទឹកដោះគោ

côc

កូកាកូឡា

gwin

ស្រា

cwrw

ស្រាបៀរ

alcohol

គ្រឿងស្រវឹង

coco

កាកាវ

te

តែ

coffi

កាហ្វេ

espresso

កាហ្វេអ៊ិចស្ព្រេសូ

cappuccino

កាហ្វេកាពូឈីណូ

ffrwchledd

ចេក

afal

ផ្លែប៉ោម

oren

ផ្លែក្រូច

melon

ឪឡឹក

lemwn

ក្រូចឆ្មា

moronen

ការ៉ុត

garlleg

ខ្ទឹម

bambŵ

ប្រសី

nionyn

ខ្ទឹមបារាំង

madarchen

ផ្សិត

cnau

គ្រាប់ផ្លែឈើ

nwdls

មី

sbageti

មីអ៊ីតាលី

reis

ហាយ

salad

សាឡាត់

sglodion

ដំឡូងចៀន

tatws wedi'u ffrïo

ដំឡូងចៀន

pitsa

ភីហ្សា

hambyrger

បឺហ្គឺ

brechdan

សាំងវិច

cytled

សាច់ជាប់ឆ្អឹងជំនី

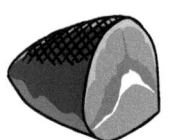

ham

ហាំ

salami

សាឡាមី

selsig

សាច់ក្រក

cyw iâr

សាច់មាន់

rhost

អាំង

pysgodyn

ត្រី

ceirch uwd

អាវ៉ែនបបរ

miwsli

មុឃ្យីសុលី

creision ŷd

ដំឡូងចំណិត

blawd

មុសៅ

croissant

នំគ្រួសង់

bynsen

នំបុ័ងមុយ៉ាងមូលតូចៗ

bara

នំបុ័ង

tost

អាំង

bisgedi

នំប៉័សុគី

menyn

ប័រ

ceuled

ទឹកជៈពោះខាប់

teisen

នំខេក

wy

ស៊ុត

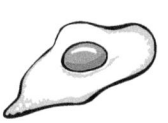

wy wedi'i ffrïo

ស៊ុតចចៀន

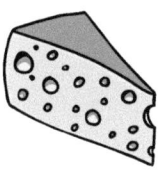

caws

ឈីស

bwyd - អាហារ

hufen iâ
ការមេ

siwgr
ស្ករ

mêl
ទឹកឃ្មុំ

jam
ដំណាប់

siocled taenu
កូរមែតាំងម៉ៃ

cyri
ការី

ffermdy
ផ្ទះក្នុងកសិដ្ឋហាន

bwrn gwellt
ខ្សែចេងថ្មេបឆ្ជី

ysgubor
ជង្រុក

maes
វាលស្រែ

ceffyl
សេះ

ôl-gerbyd
រថសណ្ដោង
ទោង

ebol
កូនសេះ

tractor
ត្រាក់ទ័រ

asyn
សត្វលា

oen
កូនចៀម

dafad
សត្វចៀម

gafr
ពពែ

buwch
គោញី

llo
កូនគោ

mochyn
ជ្រូក

porchell
កូនជ្រូក

tarw
គោឈ្មោលមគោល

gwydd
សត្វក្ងាន

hwyaden
ទា

cyw
កូនមាន់

iâr
មមោន់

ceiliog
មាន់ឈ្មោល

llygoden fawr
កណ្ដុរ

cath
ឆ្មា

llygoden
កណ្ដុរបុរមេៈ

ych
គពោឈ្មោល

ci
ឆ្កែ

cwt ci
ផ្ទៈឆ្កែ

pibell ddŵr
ទុយោទឹក

can dŵr
ធុងស្រោចទឹក

pladur
ខ្វែបក

aradr
នង្គល

cryman

កណ្ដុរៀវ

fforch chwynu

ចបកាប់

picwarch

រនាស់

bwyell

ពូចទៅ

berfa

រទេះរុញ

cafn

ស្នូក

tun llefrith

កំប៉ុងទឹកដោះគោ

sach

ហារ

ffens

របង

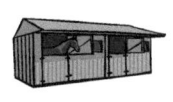

stabl

កូរពោល

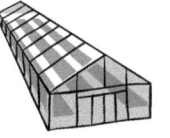

tŷ gwydr

ផ្ទះកញ្ចក់

pridd

ជី

hedyn

គ្រាប់ពូជ

gwrtaith

ជី

dyrnwr medi

ម៉ាស៊ីនបុរមួលផល

cynaeafu

បុរមួលផល

cynhaeaf

ការបុរមួលផល

iamau

ដំឡូងជុក

gwenith

ស្រូវសាលី

soi

សណ្ដែកសៅៀង

tysen

ដំឡូងជុក

grawn

ពុគោត

had rêp

គុរាប់បុរងៃបៃ

coeden ffrwythau

ដេគើមឈេហ្ឡបផុលៃ

manioc

ដំឡូងមី

grawnfwydydd

ធញ្ញជាតិ

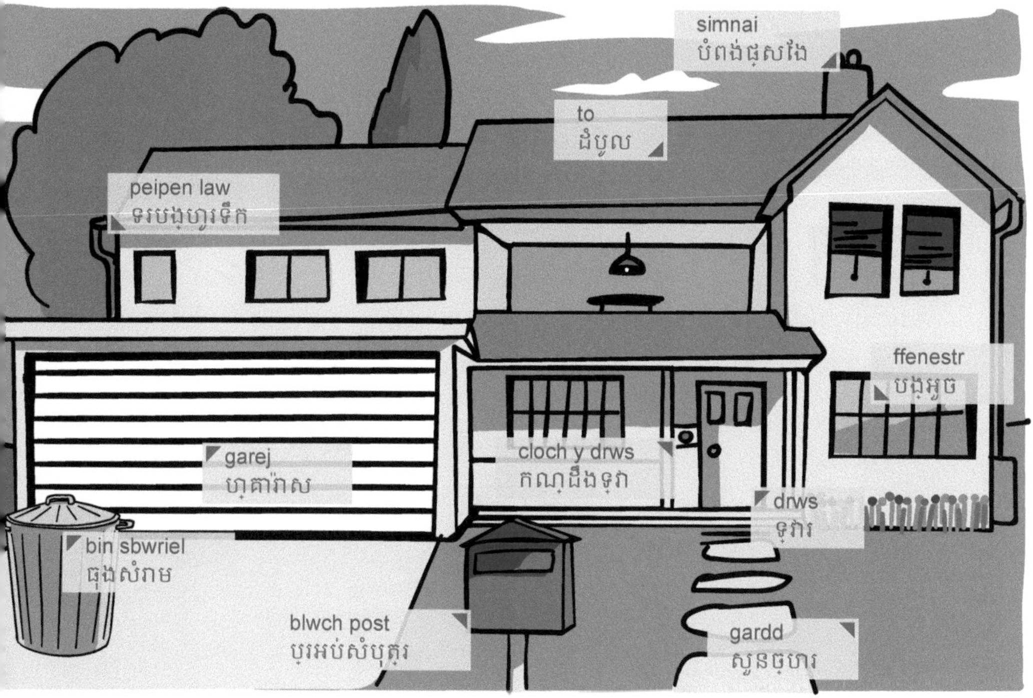

simnai
បំពង់ផ្សែង

to
ដំបូល

peipen law
ទរបង្ហូរទឹក

ffenestr
បង្អួច

garej
ហ្គារ៉ាស

cloch y drws
កណ្ដឹងទ្វារ

drws
ទ្វារ

bin sbwriel
ធុងសំរាម

blwch post
ប្រអប់សំបុត្រ

gardd
សួនច្បារ

lolfa
បន្ទប់ទទួលភ្ញៀវ

ystafell ymolchi
បន្ទប់ទឹក

cegin
ផ្ទះបាយ

ystafell wely
បន្ទប់គេង

ystafell plentyn
បន្ទប់របស់កុមារ

ystafell fwyta
បន្ទប់ទទួលទានអាហារ

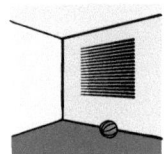

llawr
ជាន់

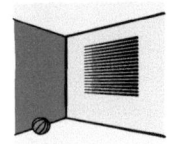

wal
ជញ្ជាំង

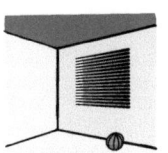

nenfwd
ពិដាន

seler
បន្ទប់ក្រោមដី

sawna
ស្ទណា

balconi
យ៉ែរ

teras
ផ្ទៃក្រោបស្មួមឈ្នែនទៅជមួល
ក្នុំ

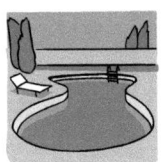

pwll
អាងហាលៃទឹក

peiriant torri gwair
ម៉ាស៊ីនកាត់ស្មៅទៅ

taflen
សន្លឹក

gorchudd gwely
កម្រាលគ្រែដែកេ

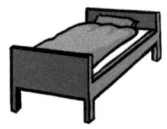

gwely
គ្រែ

ysgub
អំបោស

bwced
ធុង

swits
កុងតាក់

tŷ - ផ្ទះ

lolfa
បន្ទប់ទទួលភ្ញៀវ

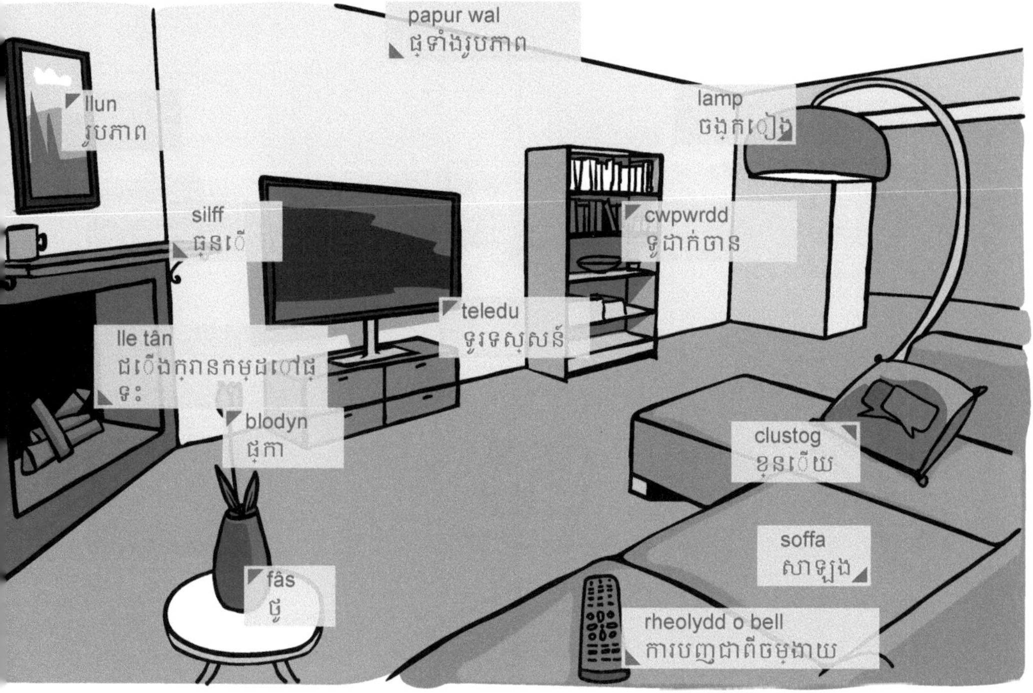
papur wal
ផ្ទាំងរូបភាព
llun
រូបភាព
lamp
ចង្កៀង
silff
ធ្នើ
cwpwrdd
ទូដាក់ចាន
teledu
ទូរទស្សន៍
lle tân
ជើងក្រានកម្ដៅផ្ទះ
blodyn
ផ្កា
clustog
ខ្នើយ
soffa
សាឡុង
fâs
ថូ
rheolydd o bell
ការបញ្ជាពីចម្ងាយ

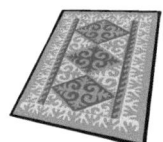

carped
កម្រាលព្រំ

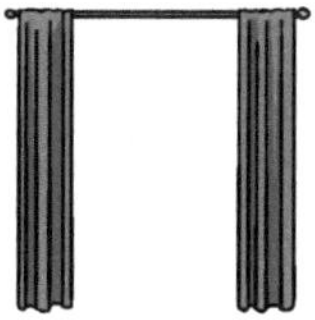

llen
វាំងនន

bwrdd
តុ

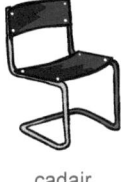

cadair
កៅអី

cadair siglo
កៅអីប៉ាក់ប៉ើក

cadair freichiau
កៅអីភ្នាក់ដៃ

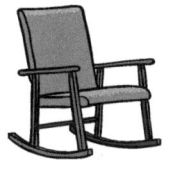

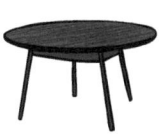

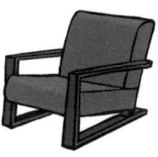

llyfr

សៀវភៅទៅ

blanced

ភួយ

addurn

ការតុបតែង

coed tân

អុសដុត

ffilm

ខុសវិភាគយន្ត

hi-fi

ឧបករណ៍ Hi-Fi

agoriad

កូនសោ

papur newydd

កាសែត

darlun

គំនូរ

poster

ផ្ទាំងរូបភាព

radio

វិទ្យុ

llyfr nodiadau

ណូតផតេ

hwfer

ម៉ាស៊ីនបូមធូលី

cactws

ដំបងយក្ស

cannwyll

ទៀន

oergell
ទូរទឹកកក

popty micro-don
ចង្ក្រានមីក្រូវ៉ែវ

clorian gegin
ជញ្ជីងផ្ទះបាយ

tostiwr
ម៉ូរដាប់អាំងនំប៉័ង

gwlybwr
សាប៊ូបោកខោអាវ

rhewgist
ម៉ាស៊ីនធូរវើធ្មយកក

popty
ចង្ក្រាន

bin sbwriel
ធុងសំរាម

peiriant golchi llestri
ម៉ាស៊ីនលរៀងចាន

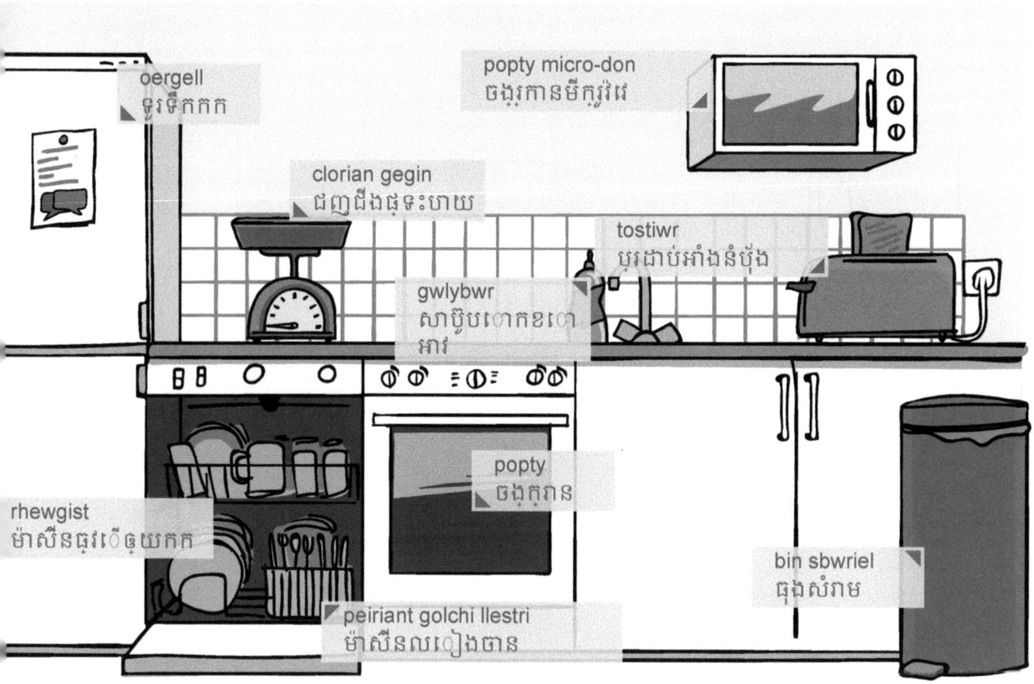

popty

ចង្ក្រាន

pot

ឆ្នាំង

pot haearn bwrw

ឆ្នាំងដៃកែ

wok / kadai

ខ្ទះ / ខ្ទះផណ្ឌោ

padell

ខ្ទះ

tegell

កំសរៀវ

sosban stemio
ឆ្នាំងចំហុយ

hambwrdd pobi
ថាសដុតនំ

llestri
គ្រឿងចានឆ្នាំងជើ

mwg
ថូ

powlen
ចានគោម

gweill bwyta
ចង្កឹះ

lletwad
វែកសមុល

ysbodol
វែកកូរ

chwisg
ប្រដាប់វាយក្រឡុក

hidlydd
តម្រង

gogr
កន្ទុយតម្រង

gratiwr
ប្រដាប់កោសដុង

morter
គុហាល់

barbeciw
ការអាំងសាច់

tân agored
ចង្ក្រានចំហ

bwrdd torri cig

ជម្រាញ់

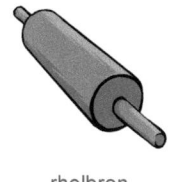

rholbren

បុរដាប់កិនម្សៅ

tynnwr corcyn

បុរដាប់ម្សៅរបើកឆ្នុកស្រា

tun

កំប៉ុង

peth agor tuniau

បុរដាប់របើកកំប៉ុង

clwt pot

កុរណាត់ទុរាប់ឆ្នាំង

sinc

កន្លែលដែលាងចាន

brws

ជក់

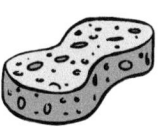

sbwng

អប៉ុង

peiriant cymysgu

ម៉ាស៊ីនកុរឡ្បាក

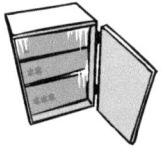

rhewgell

ទូទឹកកកខ្នាតតូច

potel babi

ដបទឹកដោះគោ

tap

រ៉ូបីណេរ

gwres
កម្ដៅទៅ

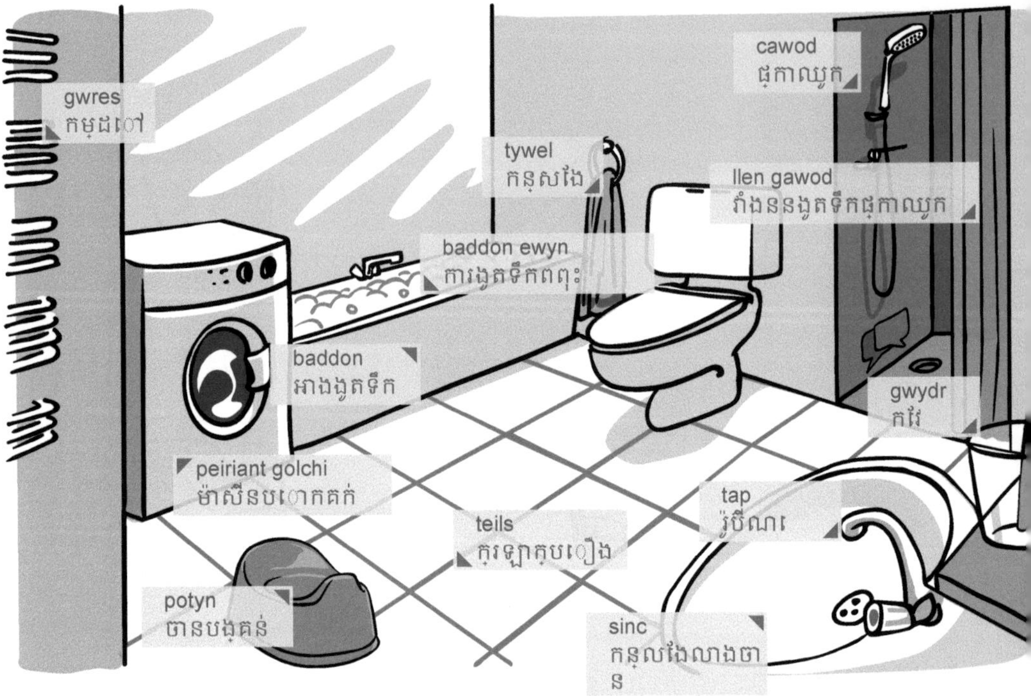

cawod
ផ្កាឈូក

tywel
កន្សែង

llen gawod
រាំងននង្គតទឹកផ្កាឈូក

baddon ewyn
ការងូតទឹកពពុះ

baddon
អាងងូតទឹក

gwydr
កព្វ

peiriant golchi
ម៉ាស៊ីនបពោកគត់

teils
ក្ររឡ្អាកុបឿង

tap
រូប៊ីណេ

potyn
ចានបង្គន់

sinc
កន្សលផ្ទែលាងថាន

tý bach

បង្គន់

toiled cyrcydu

បង្គន់អង្គុយ

bidet

ជរ៉េ៉ីងជម្រះកាយ

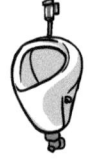

troethfa

កុលាំទឹកនពោម

papur tý bach

ក្រដាសបង្គន់

brws tý bach

ច្រាសដុសបង្គន់ន

brws dannedd
ច្រាសដុសធ្មេញ

past dannedd
ថ្នាំដុសធ្មេញ

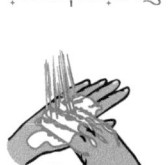

edau ddannedd
ខ្សែទៅក់សម្អាតធ្មេញ

golchi
លាង

cawod llaw
បុរដាប់ដាក់ជផ្កែការឈូក

golchfa
ទឹកថ្នាំសម្រាប់ហាញ់លាង

basn
អាង

brws-ôl
ច្រាសដុសខ្លួង

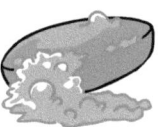

sebon
សាប៊ូ

gel cawod
លសម្រាប់ង្គតទឹកផ្កែការឈូ
ក

siampŵ
សាប៊ូ

gwlanen
សក្លាត

ffos
បំពង់បង្ហូរទឹក

hufen
ក្រមៃ

diaroglydd
ថ្នាំបំហាត់ក្លិនអាក្រក់

drych
កញ្ចក់

drych llaw
កញ្ចក់ដៃ

rasel
ប្រដាប់កោរ

ewyn eillio
ហ្វូមកោរពុកមាត់

sent eillio
ទឹកលាងក្រោយកោរពុកម
ាត់រួច

crib
ក្រាស

brws
ជក់

sychwr gwallt
ប្រដាប់សម្ងួតសក់

chwistrell gwallt
សួពួយហាញ់សក់

colur
ការតុបតែងមុខ

minlliw
ក្រមែលាបមាត់

farnais ewinedd
ថ្នាំលាបក្រចក

gwlân cotwm
រោមកប្បាស

siswrn ewinedd
កន្ត្រៃកាត់ក្រចក

persawr
ទឹកអប់

ystafell ymolchi - បន្ទប់ទឹក

bag ymolchi

កាបូបបរោកគក់

stôl

លាមក

clorian

ជញ្ជីងចុលឹងទមុងន់

gŵn baddon

អាវពាក់ងូតទឹក

menig rwber

ស្រោមដៃកៅស៊ូ

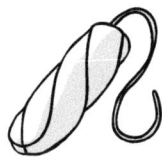

tampon

ឈ្នុក

tywel misglwyf

កន្សែងអនាម័យ

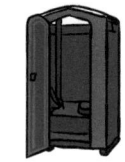

toiled cemegol

បង្គន់គីមី

ystafell plentyn
បន្ទប់របស់កុមារ

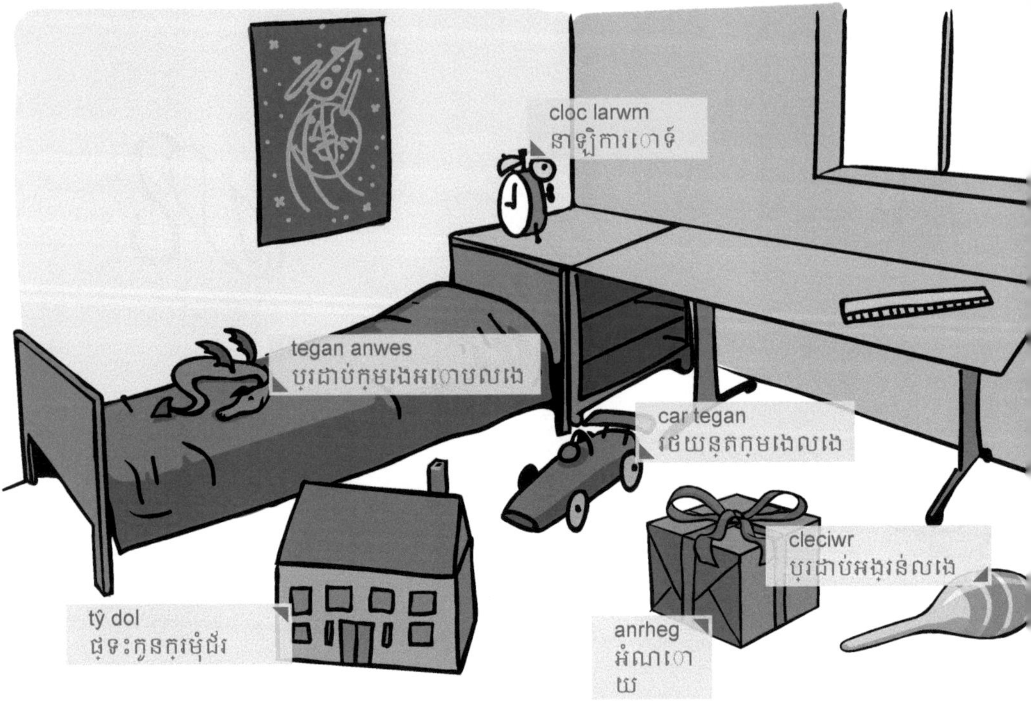
cloc larwm
នាឡិការោទ៍
tegan anwes
ប្រដាប់ក្មេងអោបលេង
car tegan
រថយន្តក្មេងលេង
cleciwr
ប្រដាប់អង្រន់លេង
tŷ dol
ផ្ទះកូនក្រមុំជ័រ
anrheg
អំណោយ

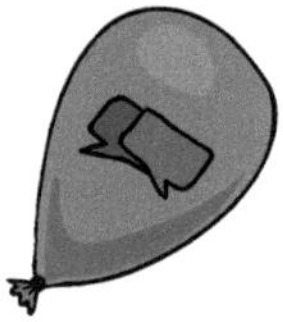

balŵn
ប៉េងប៉ោង

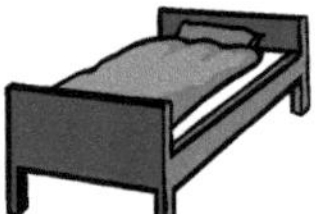

gwely
គ្រែ

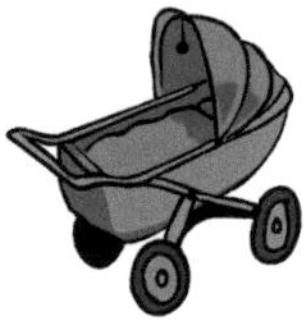

pram
រទេះរុញទារក

pecyn o gardiau
ហ្វៀបៀ

jig-so
រូបផ្គុំ

SUPER MEGA

comic
កំប្លែង

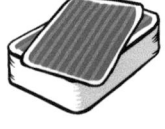

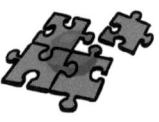

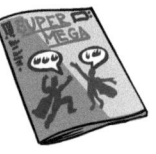

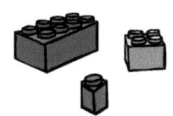

brics Lego

ឥដ្ឋប្លុក Lego

blociau adeiladu

បុល្កប្ររដាប់ក្មេងលេង

ffigur gweithredu

តួលខេសកម្មភាព

babygro

ខោអាវទារក

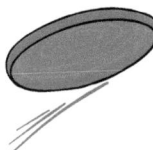

ffrisbi

ការគប់ចាស

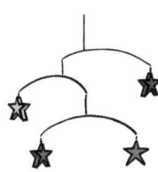

ffôn symudol

ទូរស័ព្ទដៃ

gêm fwrdd

ក្តារល្បបង់

deis

គុរាប់ល្បូកឡ្បាក់

set model trên

ឈុតរថក្សុលេថីងគំរូ

teth lwgu

រូបសំណាក

parti

គណបក្ស

llyfr lluniau

សម្បៀវភៅរូបភាព

pêl

បាល់

dol

កូនក្រមុំតុក្កតា

chwarae

លេង

pwll tywod

រណ្តៅដៅខ្សាច់

swing

ទ្រេាង

teganau

ឬបដាប់ក្មេងលេង

consol gemau fideo

កុងស្សូលវីដេអ្វេហ្គុតមេ

beic tair olwyn

គ្រីចក្ររយានយន្ត

tedi

តុក្កតាខ្លាឃ្មុំ

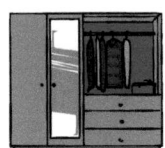

cwpwrdd dillad

ទូខោអាវ

hosanau

ស្រោមជេីង

hosanau

ស្រោមជើងវែង

teits

ខោទ្រនាប់នារី

sgarff
កុរម៉ា

ymbarél
ឆ័ត្រ

vregys
សក្រែវ៉ាត់

crys-t
អាវយឺត

esidiau ymarfer
ស្បែកជើងហាតា

esgidiau
ស្បែកជើងករវ៉ែ

sliperi
ស្បែកជើងពាក់នៅ
ទះ

sandalau
ស្បែកជើងសង្រែក

esgidiau
ស្បែកជើង

esgidiau rwber
ស្បែកជើងករវែងកៅស៊ូ

trôns
ខោទ្រនាប់បុរស

bra
អាវទ្រនាប់

fest
អាវកាក់

corff

រាងកាយ

trowsus

ខោទោរង

jîns

ខោខូវបិយ

sgert

សំពត់

blows

អាវក្មេរៅ

crys

អាវ

pwlofer

អាវយឺត

hwdi

អាវយឺត

blaser

អាវធំ

siaced

អាវក្មេរៅ

côt

អាវធំ

côt law

អាវក្បួរៀង

gwisg

គុររៀងតងៃ

gŵn

អាវរៃង

gwisg briodas

សំលរៀកបំពាក់អាពាហ៍ពិពាហ៍

siwt

ឈុតអាវឈុត

gŵn nos

រូបរាគ្តរី

pyjamas

ឈុតគេង

sari

សារី

sgarff pen

កន្សែងជួតកុហាល

tyrban

ឆ្នួត

bwrca

សុបម៉ែខ

cafftan

kaftan

abaya

abaya

gwisg nofio

ឈុតហាលែទឹក

trowsus nofio

ខោខ្លី

siorts

ខោខ្លី

tracwisg

ឈុតហាត់កីឡា

ffedog

អាវអេរ៉ៀម

menig

សុរគោមជៃ

botwm

ឲ្យរអាវ

sbectol

វ៉ែនតា

breichled

ខ្សដៃ

cadwyn

ខ្សកែ

modrwy

ចិញ្ចៀន

clustdlws

កុរវិល

cap

មួក

cambren

បុរដាប់ពុយួរអាវកុរវៅ

het

មួក

tei

កុរវាត់ក

sip

រូត

helmed

មួកសុវត្ថិភាព

fframiau danedd

ខ្សវៃ

gwisg ysgol

ឯកសណ្ឋានសាលា

gwisg

ឯកសណ្ឋាន

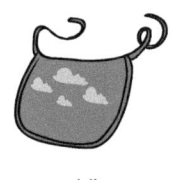

bib

អៀមទារក

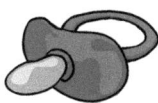

teth lwgu

រូបសំណាក

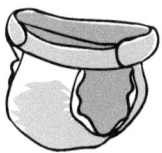

cewyn

ខោទឹកនោម

swyddfa
ការិយាល័យ

gweinydd
ម៉ាស៊ីនមេ
cwrpwrdd ffeilio
ទូឯកសារ
argraffydd
ម៉ាស៊ីនបោះពុម្ព
papur
ក្រដាស
monitor
ម៉ូនីទ័រ
desg
តុការិយាល័យ
llygoden
កណ្តុរ
ffolder
សឺមី
bysellfwrdd
ក្តារចុច
basged papur gwastraff
កន្ត្រកដាក់សំរាមក្រដាស
cyfrifiadur
កុំព្យូទ័រ
cadair
កៅអី

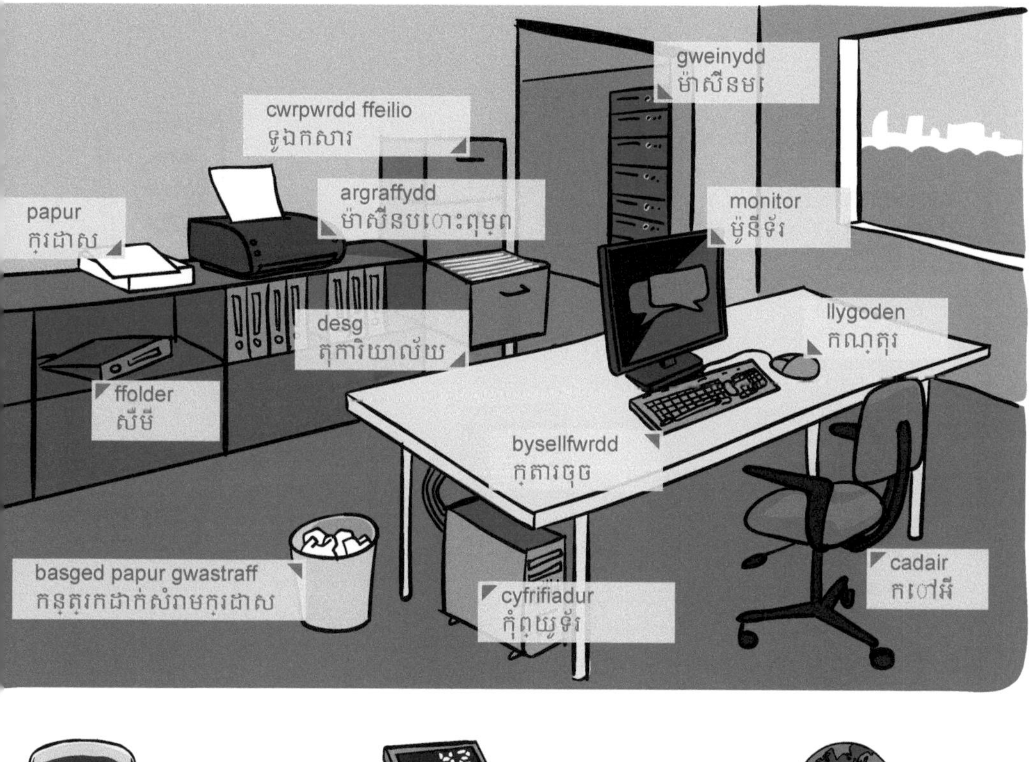

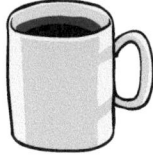

mwg coffi

កែវកាហ្វេ

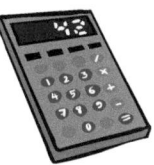

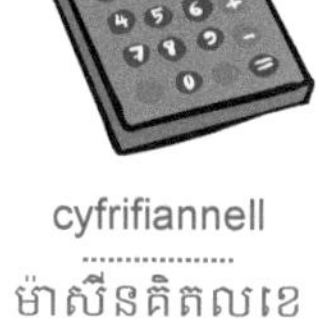

cyfrifiannell

ម៉ាស៊ីនគិតលេខ

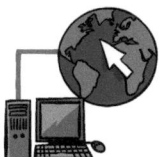

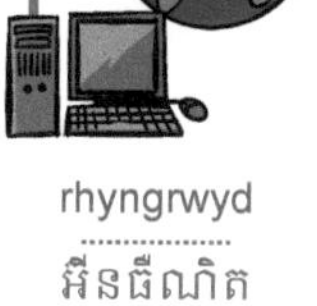

rhyngrwyd

អ៊ីនធឺណិត

gliniadur

កុំព្យូទ័រយួរដៃ

llythyr

លិខិត

neges

សារ

ffôn symudol

ទូរស័ព្ទដៃ

rhwydwaith

បណ្ដាញ

llungopïwr

ម៉ាស៊ីនថតចម្លង

meddalwedd

ស្វហ្វវែរ

teleffon

ទូរស័ព្ទ

soced plwg

រន្ធជជៀត

peiriant ffacs

ម៉ាស៊ីនទូរសារ

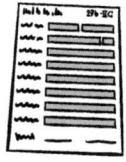

ffurflen

ទម្រង់បែបបទ

dogfen

ឯកសារ

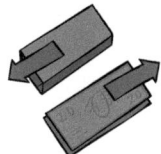

prynu
ទិញ

talu
បង់ប្រាក់

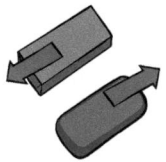

masnachu
ធ្វើជំនួញ

arian
លុយ

doler
ប្រាក់ដុល្លារ

ewro
ប្រាក់អឺរ៉ូ

yen
ប្រាក់យ៉េន

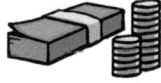

rwbl
ប្រាក់រូបិល

ffranc y Swistir
ហ្វ្រង់ស្វីស

yuan renminbi
ប្រាក់យ៉ាន

rwpi
ប្រាក់រូពី

peiriant arian
កន្លែងប្រើស្វ័យសាច់ប្រាក់

swyddfa gyfnewid

ការិយាល័យបូរូប្រាក់

aur

មាស

arian

ប្រាក់

olew

ប្រេង

ynni

ថាមពល

pris

តម្លៃ

contract

កិច្ចសន្យា

treth

ពន្ធ

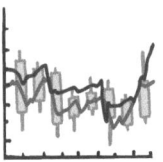

stoc

ភាគហ៊ុន

gweithio

ធ្វើការ

cyflogai

បុគ្គលិក

cyflogwr

និយោជក

ffatri

រោងចក្រ

siop

ហាង

swyddi
មុខរបរ

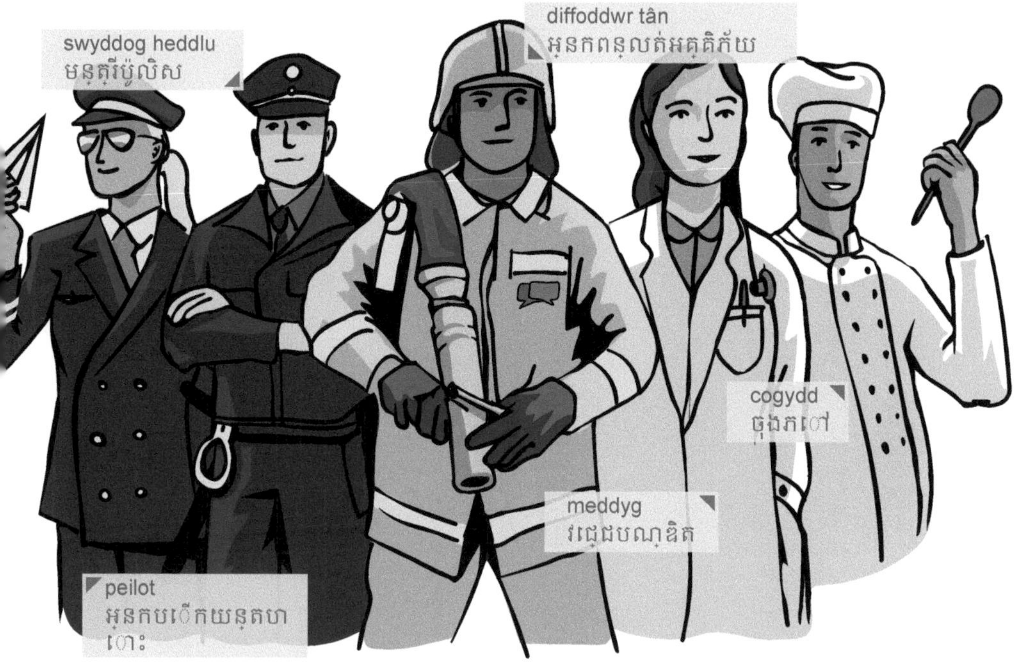

swyddog heddlu
មន្ត្រីប៉ូលិស
diffoddwr tân
អ្នកពន្លត់អគ្គិភ័យ
cogydd
ចុងភៅ
meddyg
វេជ្ជបណ្ឌិត
peilot
អ្នកបើកយន្តហោះ

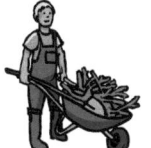

garddwr
អ្នកថែសួន

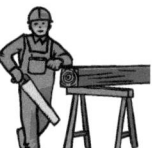

saer
ជាងឈើ

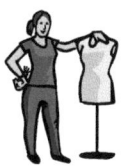

gwniadwraig
ជាងកាត់ដេរ

barnwr
ចៅក្រម

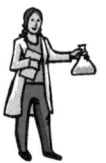

fferyllydd
គីមីវិទូ

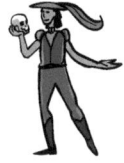

actor
តួកុន

gyrrwr bws

អ្នកបើកឡ្យានក្រុង

gyrrwr tacsi

អ្នកបើកតាក់សី

pysgotwr

អ្នកនេសាទ

glanhawraig

សុត្តិអ្នកសមុអាត

töwr

ជាងដំបូល

gweinydd

អ្នករត់តុ

heliwr

អ្នកបរបាញ់សត្វ

paentiwr

វិចិត្រករ

pobydd

អ្នកដុតនំ

trydanwr

ជាងអគ្គីសនី

adeiladwr

ជាងសំណង់

peiriannydd

វិស្វករ

cigydd

អ្នកកាប់សាច់

plymiwr

ជាងជួសជុលទុយោរទឹក

dyn y post

អ្នករត់សំបុត្រ

milwr

ទាហាន

pensaer

ស្ថាបត្យករ

ariannwr

បង្ក្រា

gwerthwr blodau

អ្នកលក់ផ្កា

triniwr gwallt

អ្នកអ៊ិតសក់

archwiliwr tocynnau
rheilffordd

អ្នកយកកលុយ

mecanydd

ជាងម៉ាស៊ីន

capten

កាពីទនៃ

deintydd

ពទ្យេធ្មេញ

gwyddonydd

អ្នកវិទ្យាសាស្ត្រ

rabi

គ្រូបង្រេ្ជៀនច្បាប់សញ្ជាតិ
ជ្ឈីហូវ

imam

លោ្ពាកសង្ឃយចាម

mynach

ព្រះសង្ឃយ

clerigwr

បព្វជិត

offer
ឧបករណ៍

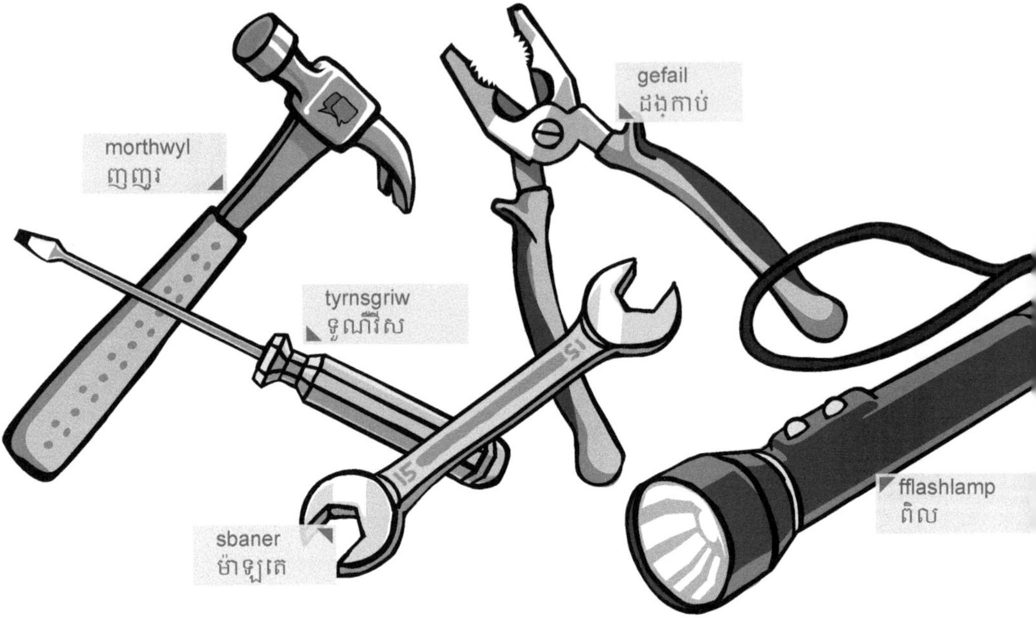

gefail
ដង្កាប់
morthwyl
ញញួរ
tyrnsgriw
ទួណឺវីស
fflashlamp
ពិល
sbaner
ម៉ាឡេត

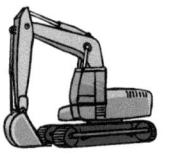

turiwr
ម៉ាស៊ីនជីក

blwch offer
ប្រអប់ឧបករណ៍

ysgol
ជណ្តើរ

llif
រណារ

hoelion
ដែកគោល

dril
ប្រដាប់ស្វាន

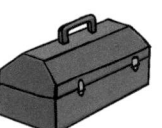

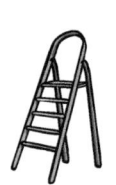

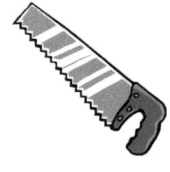

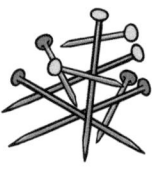

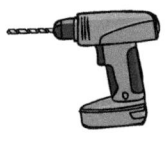

trwsio

ជួសជុល

rhaw lwch

ប៉ុរដាប់ចុកធូលី

rhaw

ប៉ែល

pot paent

ធុងថ្នាំពណ៌

Daria!

ចង្រៃ!

sgriwiau

វីស

offerynnau cerdd
ឧបករណ៍តន្ត្រី

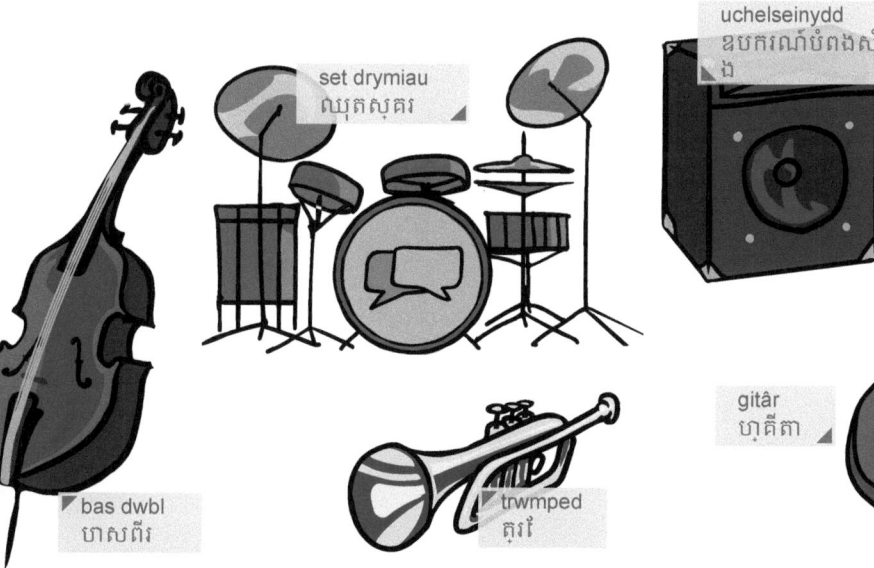

set drymiau
ឈុតស្គរ

uchelseinydd
ឧបករណ៍បំពងសំឡេង

gitâr
ហ្គីតា

bas dwbl
បាសពីរ

trwmped
គ្រែ

piano

ពុយ៉ាណូ

ffidil

វីយ៉ូឡុង

bas

ហាស

timpani

ស្គររពាសស្បូបកែមុយ៉ាង

drymiau

ស្គរ

cyweirfwrdd

យ៉ឺបត

sacsoffon

សាក់ស៊ូហ្វុន

ffliwt

ខ្លុយ

meicroffon

ម៉ីក្រូហ្វុន

mynediad
ច្រកចូល

teigr
សត្វខ្លា

cawell
ទ្រុង

sebra
សេះបង្កង់

bwyd anifeiliaid
ការខ្ចិយចំណីសត្វ

panda
ខ្លាឃ្មុំផេនដា

anifeiliaid
សត្វ

eliffant
សត្វដំរី

canganŵ
សត្វកង់ហ្គារូ

rhinoseros
សត្វរមាស

gorila
សត្វស្វាហ្គរីឡ្លា

arth
ខ្លាឃ្មុំណាំតូននៅត

camel

សត្វអូដ្ឋ

estrys

សត្វអូទ្រីស

llew

សត្វតេពា

mwnci

ស្វា

fflamingo

សត្វក្រុវៀល

parot

សកេ

arth wen

ខ្លាឃ្មុំតំបន់ប៉ូល

pengwin

ផេនឃ្វីន

siarc

ត្រីឆ្លាម

paun

ក្ងោក

neidr

សត្វពស់

crocodeil

ក្រពើ

gofalwr sŵ

អ្នករក្សាសួនសត្វ

morlo

ឆ្មាទឹក

jagwar

ខ្លារខិនមុយ៉ាង

merlyn

កូនសេះ

llewpard

ខ្លារខិន

hipo

សត្វដេរ៍ទឹក

jiráff

សត្វករវៃង

eryr

ឥន្ទ្រី

baedd

ជ្រូក

pysgodyn

ត្រី

crwban

អណ្តើកទឹក

walrws

លោមមចុចា

llwynog

កញ្ជ្រោងរពោង

gafrewig

ក្តាន់

pêl-droed America
កីឡាបាល់ទាត់អាមេរិក

beicio
ការបុក្កណ៌ាំងកង់

tennis
កីឡាថ្មី្នស

pêl-fasged
កីឡាបាល់បោះ

nofio
កីឡាហែលទឹក

bocsio
កីឡាប្រដាល់

hoci iâ
កីឡាវាយក្ខូនម្សាល់លេ
កកិ

pêl-droed
កីឡាបាល់ទាត់

badminton
កីឡាវាយសី

athletau
អត្តពលកម្ម

pêl-law
កីឡាបាល់កាន់

sgïo
ការជិះស្គី

polo
ប៉ូម៉្លៀ

neidio
លោត

cofleidio
ឱប

chwerthin
សើច

canu
ច្រៀង

cerdded
ដើរ

breuddwydio
សុបិន្ត

gweddïo
អធិស្ឋាន

cusanu
ថើប

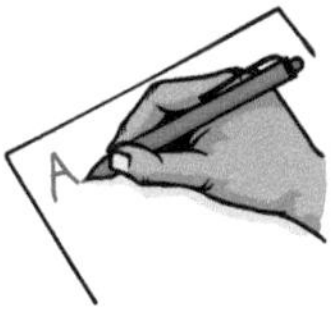

ysgrifennu
សរសេរ

tynnu
គូរ

dangos
បង្ហាញ

gwthio
រុញ

rhoi
ផ្ដល់

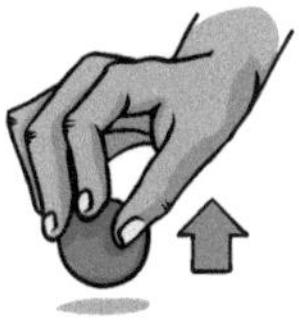

cymryd
យក

bod gan

មាន

gwneud

ធ្វើ

bod

គឺ

sefyll

ឈរ

rhedeg

រត់

tynnu

ទាញ

taflu

បោះ

disgyn

ធ្លាក់

gorwedd

កុហាក

aros

រង់ចាំ

cario

យួរ

eistedd

អង្គុយ

gwisgo amdanoch

ស្លៀកពាក់

cysgu

ដេក

deffro

ភ្ញាក់ឡើង

edrych ar
មេីល

crïo
យំ

anwesu
គួសរវាស

cribo
សិតសក់

siarad
និយាយ

deall
យល់

gofyn
សួរ

gwrando
ស្ដាប់

yfed
ផឹក

bwyta
បរិភោគ

tacluso
សម្អាត

caru
សុរលាញ់

coginio
ចម្អិន

gyrru
បើកបរ

hedfan
ហោះ

hwylio

ចែកទូក

cyfrifo

គណនា

darllen

អាន

dysgu

រៀន

gweithio

ធ្វេីការ

priodi

រៀបការ

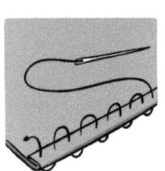

gwnïo

ដេរ

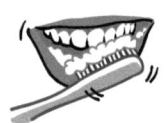

brwsio dannedd

ដុសធ្មេញ

lladd

សម្លាប់

ysmygu

ជក់

anfon

ផ្ញើ

nain
ជីដូន

taid
ជីតា

tad
ឪពុក

mam
មុតាយ

baban
ទារក

merch
កូនស្រី

mab
កូនប្រុស

gwestai

ភ្ញៀវ

modryb

មីង

ewythr

ពូ

brawd

បងប្អូនប្រុស

chwaer

បងប្អូនស្រី

talcen
ថ្ងាស

llygad
ភ្នែក

ysgwydd
ស្មា

wyneb
មុខ

bys
ម្រាមដៃ

gên
ចង្កា

llaw
ដៃ

bron
សុដន់

coes
ជើង

braich
ដៃ

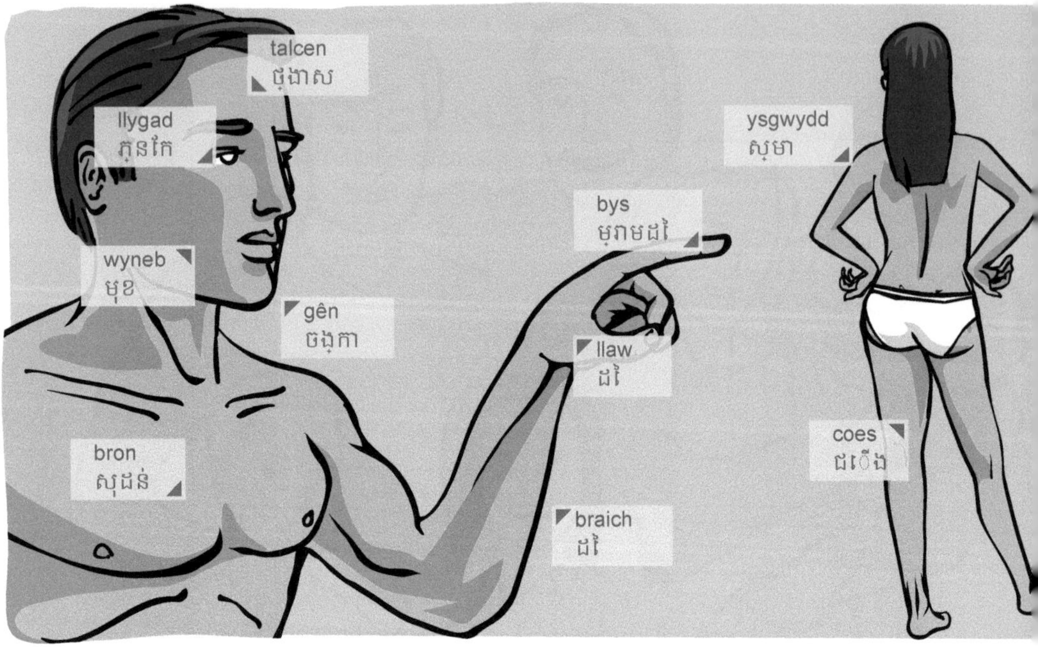

baban
ទារក

dyn
បុរស

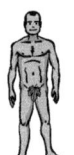

gwraig
ស្ត្រី

geneth
កុមារីស្រី

bachgen
កុមារីបុរស

pen
កុបាល

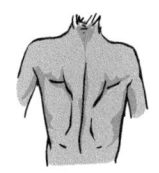

cefn

ខ្នង

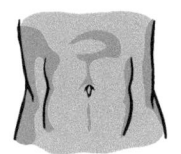

bel

ពោះ

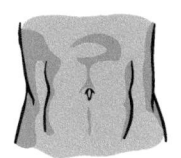

bogail

ផ្ចិត

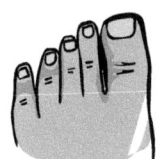

bys troed

ម្រាមជេីង

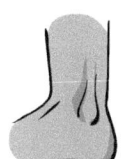

sawdl

កដែជេីង

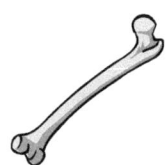

asgwrn

ឆ្អឹង

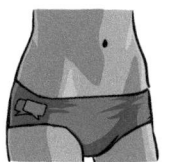

clun

តួគាក

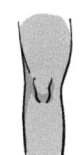

pen-glin

ជង្គុតង់

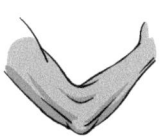

penelin

កដែជៃ

trwyn

ច្រមុះ

pen ôl

គូទ

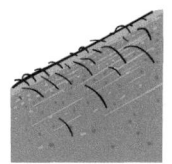

croen

សុបៃ

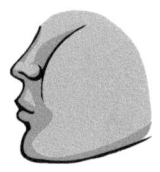

boch

ថ្ពាល់

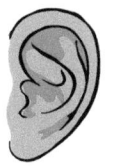

clust

តួចៀក

gwefus

បប្ផមាត់

ceg

មាត់

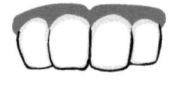

dant

ធ្មេញ

tafod

អណ្ដាត

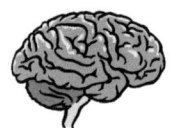

ymennydd

ខួរក្បាល

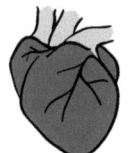

calon

បេះដូង

cyhyr

សាច់ដុំ

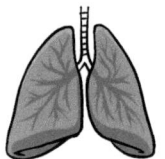

ysgyfaint

សួត

iau

ថ្លើម

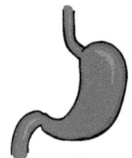

stumog

ក្រពះ

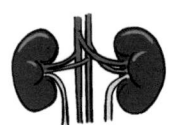

arennau

តម្រងនោម

rhyw

ការរួមភេទ

condom

ស្រោមអនាម័យ

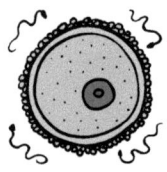

ofwm

អូវុល

semen

ទឹកកាម

beichiogrwydd

ការមានផ្ទៃពោះ

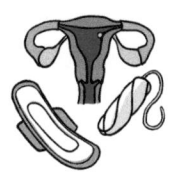

mislif

មករដ្ឋ

fagina

ទ្វារមាស

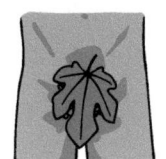

pidyn

លិង្គ

ael

ចិញ្ចើមភ្នែក

gwallt

សក់

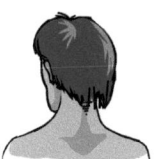

gwddf

ក

ysbyty
មន្ទីរពេទ្យ

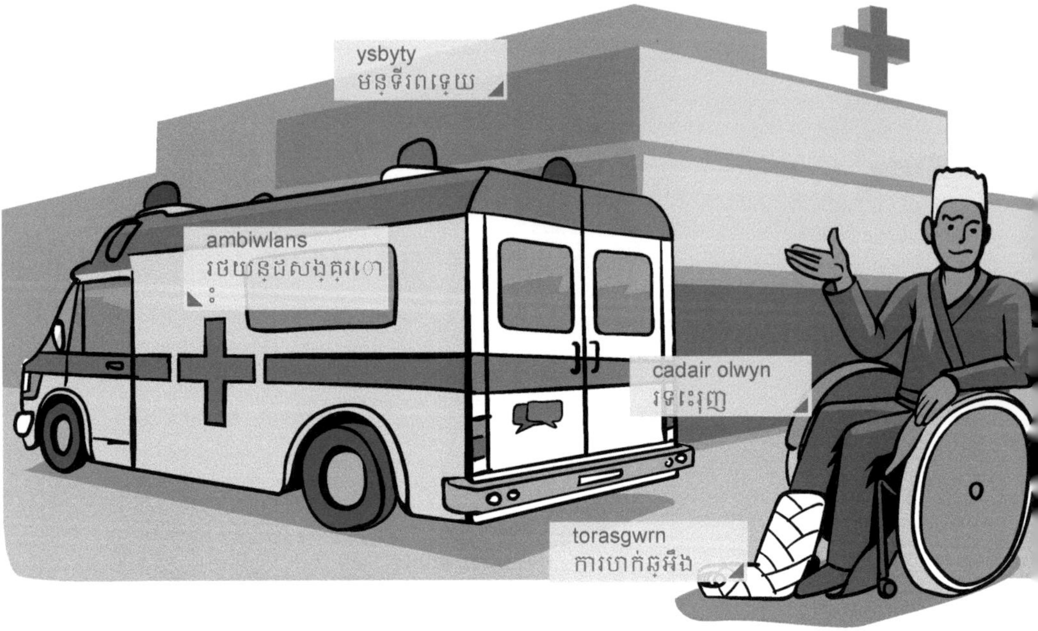

ysbyty
មន្ទីរពេទ្យ
ambiwlans
រថយន្តសង្គ្រោះ
cadair olwyn
រទេះរុញ
torasgwrn
ការបាក់ឆ្អឹង

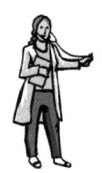

meddyg
វេជ្ជបណ្ឌិត

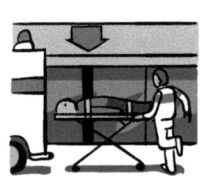

ystafell argyfwng
បន្ទប់សង្គ្រោះបន្ទាន់

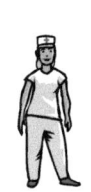

nyrs
គិលានុបដ្ឋាយិកា

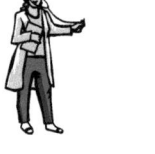

argyfwng
សង្គ្រោះបន្ទាន់

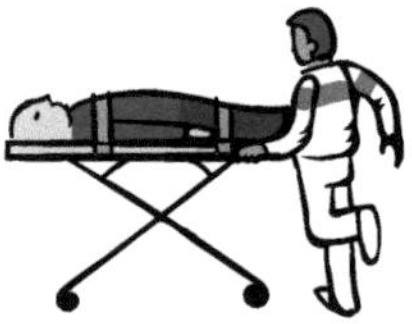

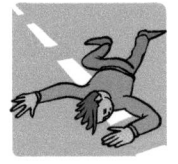

anymwybodol
សន្លប់

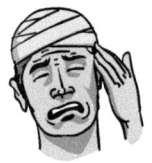

poen
ការឈឺចាប់

anaf

ការរងរបួស

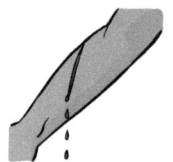

gwaedu

ការហូរឈាម

trawiad ar y galon

គាំងបេះដូង

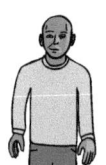

strôc

...ឡើងដាច់សរសៃឈាមក្នុង
ក្បាល

alergedd

អាលែកហ្ស៊ី

peswch

ក្អក

twymyn

ជំងឺគ្រុន

ffliw

ជំងឺផ្តាសាយ

dolur rhydd

ជំងឺរាគរូស

cur pen

ឈឺក្បាល

canser

ជំងឺមហារីក

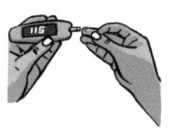

diabetes

ជំងឺទឹកនោមផ្អែម

llawfeddyg

គ្រូពេទ្យវះកាត់

fflaim

កាំបិតវះកាត់

gweithrediad

បុរតិបត្តិការ

CT

CT

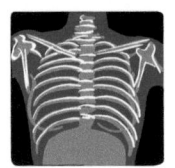

pelydr-x

កាំស្មីអ៊ិច

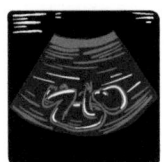

uwchsain

អ៊ុលត្រា

mwgwd wyneb

របាំងមុខ

clefyd

ជំងឺ

ystafell aros

បង្គំចាំបន្ទប់

bagl

ឈើច្រត់

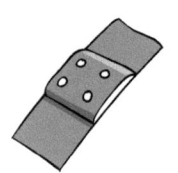

plastr

មុនាងសិលា

rhwymyn

បង់រុំ

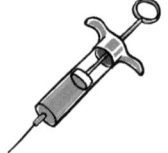

pigiad

ការចាក់ថ្នាំ

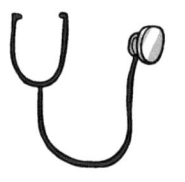

stethosgop

ស្តេចក្តេ

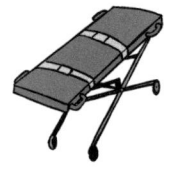

elorwely

សុនដែរប្បួស

thermomedr clinigol

ទែម៉ូម៉ែត្ររេពុយាបាល

genedigaeth

កំណើត

dros bwysau

លើសទម្ងន់

cymorth clyw

បរិក្ខាជំនួយការស្តាប់

diheintydd

សារធាតុសម្លាប់មេរោគ

haint

ការឆ្លងមេរោគ

firws

មេរោគ

HIV / AIDS

មេរោគអេដស៍ / ជំងឺអេដស៍

meddygaeth

ថ្នាំពេទ្យ

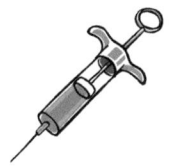

brechiad

ការចាក់ថ្នាំបង្ការ

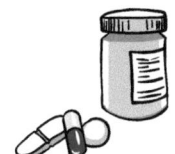

tabledi

ថ្បេល្លិត

y bilsen

ថ្នាំគ្រាប់

galwad frys

ការហៅពេលអាសន្ន

monitor pwysau gwaed

ឧបករណ៍ពិនិត្យសម្ពាធ
ឈាម

yn sâl / yn iach

ឈឺ / មានសុខភាពល្អ

Help!

ជំនួយ!

larwm

សំឡេងរោទ៍

ymosodiad

ការវាយលុក

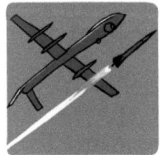

ymosodiad

ការវាយប្រហារ

perygl

គ្រោះថ្នាក់

allanfa argyfwng

ច្រកចេញគ្រាអាសន្ន

Tân!

អគ្គីភ័យ!

diffoddwr tân

បំពង់ពន្លត់អគ្គិភ័យ

damwain

គ្រោះថ្នាក់

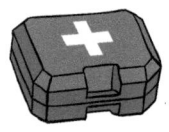

pecyn cymorth cyntaf

ឧបករណ៍ជំនួយបឋម

SOS

SOS

heddlu

ប៉ូលិស

Ewrop

អឺរុប

Gogledd America

អាមេរិកខាងជើង

De America

អាមេរិកខាងត្បូង

Affrica

អាហ្រ្វិក

Asia

អាស៊ី

Awstralia

អូស្ត្រាលី

Iwerydd

អាត្លង់ទិច

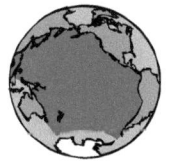

y Môr Tawel

ប៉ាស៊ីហ្វិក

Cefnfor yr India

មហាសមុទ្រឥណ្ឌា

Cefnfor yr Antarctig

ហាសមុទ្រអង់តាក់ទិច

Cefnfor yr Arctig

មហាសមុទ្រអាកទិច

Pegwn y Gogledd

ប៉ូលខាងជើង

Pegwn y De

ប៉ូលខាងត្បូង

Antarctica

អង់តាក់ទិក

y Ddaear

ផែនដី

tir

ដីគោក

môr

សមុទ្រ

ynys

កោះ

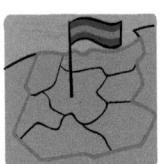

cenedl

បុរទេសជាតិ

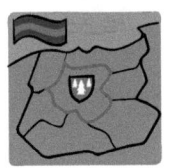

gwladwriaeth

រដ្ឋ

wyneb cloc

មុខនាឡិកា

bys awr

ទ្រនិចម៉ោង

bys munud

ទ្រនិចនាទី

bys eiliad

ទ្រនិចវិនាទី

Faint o'r gloch yw hi?

ម៉ោងប៉ុន្មាន?

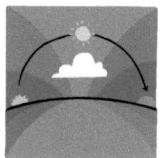

dydd

ថ្ងៃ

amser

ពេលវេលា

yn awr

ឥឡូវនេះ

cloc digidol

នាឡិកាឌីជីថល

munud

នាទី

awr

ម៉ោង

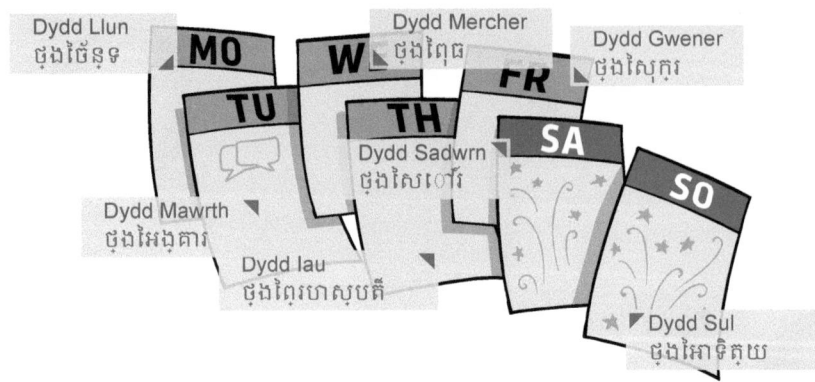

Dydd Llun
ថ្ងៃច័ន្ទ

Dydd Mercher
ថ្ងៃពុធ

Dydd Gwener
ថ្ងៃសុក្រ

Dydd Sadwrn
ថ្ងៃសៅរ៍

Dydd Mawrth
ថ្ងៃអង្គារ

Dydd Iau
ថ្ងៃព្រហស្បតិ៍

Dydd Sul
ថ្ងៃអាទិត្យ

ddoe
មុសិលមិញ

heddiw
ថ្ងៃនេះ

yfory
ថ្ងៃស្អែកកែ

bore
ព្រឹក

canol dydd
ថ្ងៃត្រង់

noswaith
ល្ងាច

diwrnodiau busnes
ថ្ងៃរៀវៀការ

penwythnos
ចុងសប្តាហ៍

blwyddyn
ឆ្នាំ

glaw
ទឹកភ្លៀង
enfys
ឥន្ធនូ
eira
ព្រិល
gwynt
ខ្យល់
gwanwyn
និទាឃរដូវ
hydref
រដូវស្លឹកឈើជ្រុះ
haf
រដូវក្តៅ
gaeaf
រដូវរងារ

4.APRIL 11°
5.APRIL 4°
6.APRIL 13°
7.APRIL 8°
8.APRIL 10°

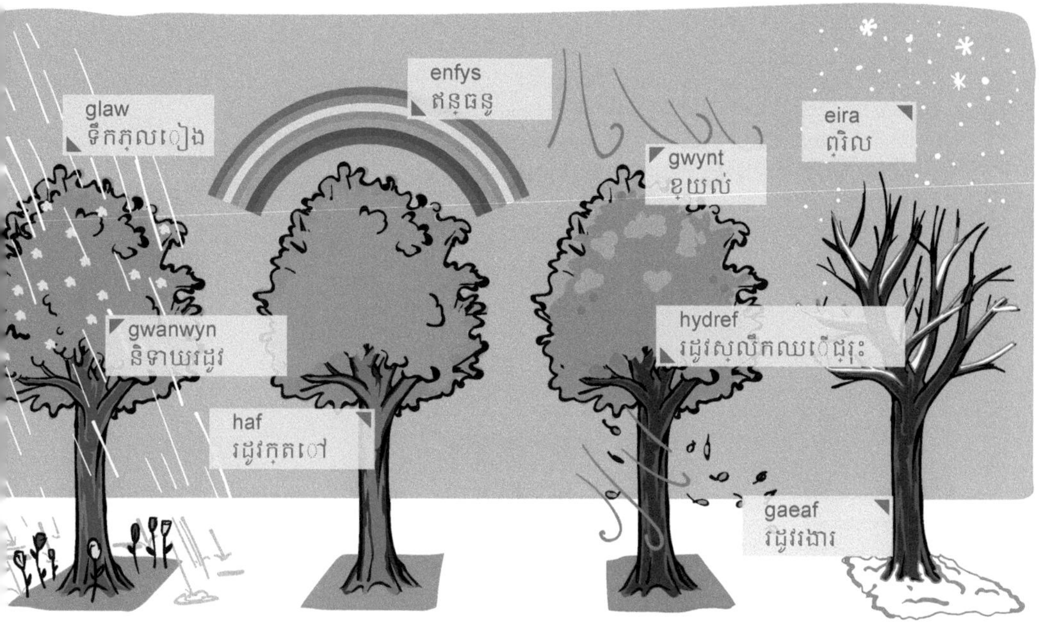

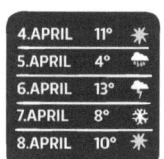

rhagolygon y tywydd
ព្យាករណ៍អាកាសធាតុ

F
C
120
90
60
30
0
-30
40
30
20
10
0
-10
-20

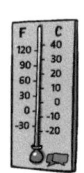

thermomedr
ទែម៉ូម៉ែត្រ

heulwen
ពន្លឺថ្ងៃ

cwmwl
ពពក

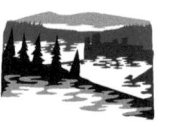

niwl tew
អ័ព្ទ

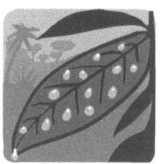

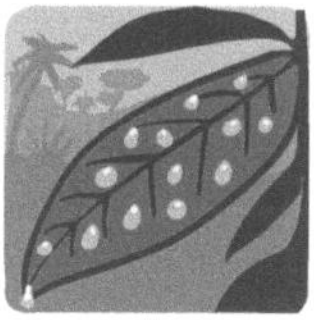

lleithder
សំណើម

mellt

រន្ទះ

taranau

ផ្គរ

storm

ព្យុះ

cenllysg

ភ្លៀង

monsŵn

ខ្យល់មូសុង

llif

ទឹកជំនន់

iâ

ទឹកកក

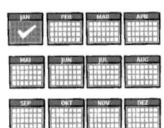

Ionawr

ខែមករា

Chwefror

ខែកុម្ភៈ

Mawrth

ខែមីនា

Ebrill

ខែមេសា

Mai

ខែឧសភា

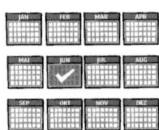

Mehefin

ខែមិថុនា

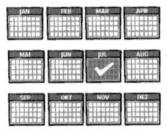

Gorffennaf

ខែកក្កដា

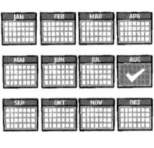

Awst

ខែសីហា

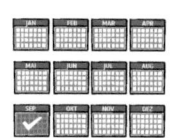

Medi

ខែកញ្ញា

Hydref

ខែតុលា

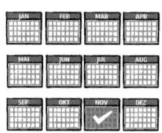

Tachwedd

ខែវិច្ឆិកា

Rhagfyr

ខែធ្នូ

cylch

រង្វង់

sgwâr

ការ៉េ

petryal

ចតុកោណកែង

triongl

ត្រីកោណ

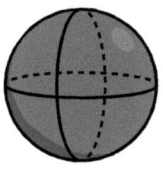

sffêr

ស្វ៊ែរ

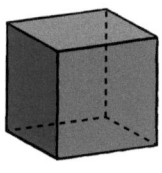

ciwb

គូប

gwyn

ពណ៌ស

melyn

ពណ៌លឿង

oren

ពណ៌ទឹកក្រូច

pinc

ពណ៌ផ្កាឈូក

coch

ពណ៌ក្រហម

porffor

ពណ៌ស្វាយ

glas

ពណ៌ខៀវ

gwyrdd

ពណ៌បៃតង

brown

ពណ៌ទឹកក្រូច

llwyd

ពណ៌ប្រផេះ

du

ពណ៌ខ្មៅ

llawer / ychydig

ច្រេីន / តិចតួច

dig / tawel

ខឹង / គ្មរជាកចិត្ត

hardd / hyll

សុរស់សុអាត / អាក្រក់

dechrau / diwedd

ចាប់ផ្តតេេីម / បញ្ចប់

mawr / bach

ធំ / តូច

llachar / tywyll

ភ្លឺ / ងងឹត

brawd / chwaer

បុអូនបុរុស / បងបុអូនស្រី

glân / budr

សុអាត / កខ្វក់

gyflawn / anghyflawn

ពេញលេញ / មិនពេញលេញ

dydd / nos

ថ្ងៃ / យប់

farw / yn fyw

សុលាប់ / នៅរស់

eang / cul

ធំទូលាយ / តូចចង្អៀត

bwytadwy / anfwytadwy

អាចបរិភោគបាន /
មិនអាចបរិភោគបាន

drwg / caredig

ចិត្តអាក្រក់ / ចិត្តល្អ

llawn cyffro / diflasu

ការរំភើប / អផ្សុក

tew / tenau

ធាត់ / ស្គម

cyntaf / olaf

ដំបូង / ចុងក្រោយ

cyfaill / gelyn

មិត្តភក្កិ / សត្រូវ

llawn / gwag

ពេញ / ទទេ

caled / meddal

រឹង / ទន់

trwm / ysgafn

ធ្ងន់ / ស្រាល

wedi newynnu / yn sychedig

ភាពអត់ឃ្លាន /
ការស្រេកឃ្លាន

yn sâl / yn iach

ឈឺ / មានសុខភាពល្អ

anghyfreithlon / cyfreithiol

ខុសច្បាប់ / ត្រូវច្បាប់

deallus / twp

ឆ្លាតវៃ / ឆ្កួត

chwith / dde

ឆ្វេង / ស្តាំ

agos / pell

ជិត / ឆ្ងាយ

wydd / wedi'i ddefnyddio

ថ្មី / ហានបុរេ៉

dim / rhywbeth

គ្មានអ្វីសោះ / អ្វីមួយ

hen / ifanc

ចាស់ / ក្មេង

ymlaen / i ffwrdd

បេ៉ក / បិទ

ar agor / ar gau

បេ៉ក / បិទ

tawel / uchel

ស្ងប់ស្ងាត់ / ពុខ្លាំង

cyfoethog / tlawd

មាន / ក្ររ

cywir / anghywir

ត្រូវ / ខុស

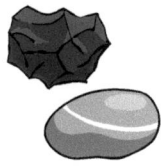

garw / llyfn

គ្រប់ម៉ / ល្ហេង

trist / hapus

ាកចិត្ត / សប្បាយចិត្ត

byr / hir

ខ្លី / វែង

araf / cyflym

យ៉ឺត / លឿ៉ន

gwlyb / sych

សើ៉ម / ស្ងួត

cynnes / claear

ក្តៅ / ត្រជាក់

rhyfel / heddwch

សង្រ្គាម / សន្តិភាព

0

sero

ស៊ុន្យ

1

un

មួយ

2

dau

ពីរ

3

tri

បី

4

pedwar

បួន

5

pump

ប្រាំ

6

chwech

ប្រាំមួយ

7

saith

ប្រាំពីរ

8

wyth

ប្រាំបី

9

naw

ប្រាំបួន

10

deg

ដប់

11

un deg un

ដប់មួយ

12	**13**	**14**
un deg dau	un deg tri	un deg pedwar
ដប់ពីរ	ដប់បី	ដប់បួន

15	**16**	**17**
un deg pump	un deg chwech	un deg saith
ដប់ប្រាំ	ដប់ប្រាំមួយ	ដប់ប្រាំពីរ

18	**19**	**20**
un deg wyth	un deg naw	dau ddeg
ដប់ប្រាំបី	ដប់ប្រាំបួន	ម្ភៃ

100	**1.000**	**1.000.000**
cant	mil	miliwn
រយ	ពាន់	លាន

Saesneg

អង់គ្លេស

Saesneg America

អង់គ្លេសអាមេរិក

Tsieinëeg Mandarin

ចិនកុកងឺ

Hindi

ហិណ្ឌូ

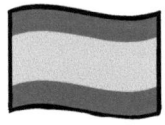

Sbaeneg

អេស្ប៉ាញ

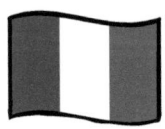

Ffrangeg

ហារាំង

Arabeg

អារ៉ាប់

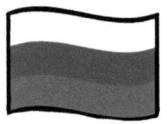

Rwseg

រុស្សី

Portiwgaleg

ព័រទុយហ្គាល់

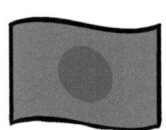

Bengali

បង់ក្លាដេស

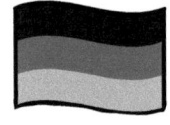

Almaeneg

អាល្លឺម៉ង់

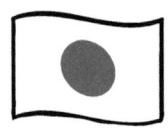

Siapanaeg

ជប៉ុន

fi

ខ្ញុំ

ti

អ្នក

ef / hi

គាត់ / នាង / វា

ni

យេីង

chi

អ្នក

nhw

ពួកគេហាន

pwy?

នរណា?

beth?

អ្វី?

sut?

របៀបណា?

ble?

កន្លែងណា?

pryd?

ពេលណា?

enw

ឈ្មោះ

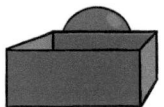

y tu ôl i

ពីក្រោយ

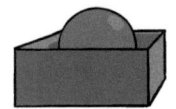

yn / yng / ym / mewn

ក្នុង

o flaen

ពីមុខ

dros

ពីលើ

ar

នៅលើ

dan

នៅក្រោម

wrth ochr

នៅក្បែរ

rhwng

រវាង

lle

កន្លែង